정의를 위해 싸운 텐 보이즈
Ten Boys Who Made A Difference

TEN BOYS WHO MADE A DIFFERENCE
by IRENE HOWAT

Copyright © 2001 by Christian Focus Publications
All rights reserved.
Published by Christian Focus Publications Ltd,
Geanies House, Fearn, Tain, Ross-shire
IV20 1 TW, Scotland, Great Britain

Korean translation copyright © 2003 by Togijangi Publishing House
Togijangi B/D 3F, 418-43 Mangwondong, Mapogu, Seoul 121-822, Korea

This Korean edition is published by arrangement with Winfried Bluth, M.A.
(P.O. Box 101014 D-42810 Remscheid Germany)

본 저작물의 한국어판 저작권은 Winfried Bluth, M.A.와의 독점 계약으로 한국어 판권을 '도서출판 토기장이'가 소유합니다. 저작권법에 의하여 한국 내에서 보호를 받는 저작물이므로 무단 전재와 무단 복제를 금합니다.

정의를 위해 싸운 텐 보이즈
Ten Boys Who Made A Difference

아이린 호왓 지음 • 조정아 옮김

도서출판 토기장이

TEN BOYS WHO MADE A DIFFERENCE

히포의 어거스틴 Augustine of Hippo ★ 7
방탕한 청년이 하나님의 위대한 학자로

얀 후스 Jan Hus ★ 27
진리를 사랑하고 진리를 지킨 종교개혁의 아버지

마틴 루터 Martin Luther ★ 47
'오직 믿음'으로 불의한 교황에 정면으로 맞서다

율리히 쯔빙글리 Ulrich Zwingli ★ 67
정의를 위해 검을 들다

윌리엄 틴데일 William Tyndale ★ 87
영어성경 번역으로 화형을 당하다

CONTENTS

휴 라티머 Hugh Latimer ★ 107
성경수호를 위해 불의에 대항하다 순교한 사람

존 칼빈 John Calvin ★ 127
신앙의 힘으로 세상을 바꾸다

존 녹스 John Knox ★ 147
그 누구도 두려워하지 않던 사람

샤프츠베리 경(卿) Lord Shaftesbury ★ 167
영국의 링컨, 버림받은 어린이들의 친구

토마스 찰머스 Thomas Chalmers ★ 187
가난한 사람들을 사랑으로 돌보다

퀴즈 ★ 207

히포의 어거스틴

Augustine of Hippo(354~430, 북아프리카의 누미디아)
방탕한 청년이 하나님의 위대한 학자로

어거스틴은 보통 성(聖) 어거스틴으로 불립니다. 성자(聖者)라는 뜻입니다. 그는 청년 시절 방탕한 생활을 하며 자기 멋대로 살았지만 그의 어머니 모니카는 아들이 주님을 영접하도록 눈물의 기도를 쉬지 않았습니다. 마침내 어머니의 기도 응답으로 그는 하나님을 믿게 되었고 훌륭한 학자가 되었습니다. 후에 그는 「참회록」이라는 아주 유명한 책을 썼는데 이 책에서 그는 자신의 모든 죄를 고백했고 하나님을 만나기까지의 과정도 썼습니다. 어린이 여러분도 이 다음에 커서 이 책을 꼭 읽어보시기 바랍니다.

Augustine of Hippo

어거스틴은 머리 위로 뻗은 가지에 앉아 있는 새들이 놀라지 않도록 손을 천천히 조심스럽게 들어올렸습니다. 그리고 새총의 고무줄에 돌멩이를 끼워 넣고 당긴 다음 '팽~'하고 쏘았습니다. 돌멩이는 나뭇가지 사이를 지나 새들이 모여 있는 곳으로 정확하게 날아갔습니다. 조금 떨어진 곳에서 새 한 마리가 '딱' 떨어지는 둔탁한 소리가 들렸습니다. "잡았다!" 소년이 말했습니다. "맛있게 구워먹어야지. 다른 새들은 또 어디로 갔는지 찾아볼까?"

어거스틴은 숲의 덤불 속으로 조용히 기어 들어가면

서, 마른 나뭇가지 밟는 소리가 새들에게 들리지 않도록 주의를 기울였습니다. '저기 있군.' 소년은 북아프리카의 밝은 햇빛에 비쳐 땅에 드리워진 새들의 그림자를 바라보면서 중얼거렸습니다. 그리고 마음먹었습니다. '이번에는 두 마리를 한꺼번에 맞출거야.' 가죽 주머니에서 작은 돌멩이들을 여러 개 꺼내 든 어거스틴은 새총에 나란히 넣을 만한 크기의 돌멩이 두개를 골라냈습니다. 두 돌멩이는 한 쪽은 동글동글하고 다른 한 쪽은 평평했으며 크기와 무게도 비슷해야 했습니다. "완벽해!" 어거스틴이 작은 소리로 말했습니다. "이것이면 딱 되겠어." 다시 한번 쥐 죽은 듯 조용한 시간이 흐른 후 다시 한번 '팽~'하는 소리가 들렸습니다. 이번에는 두 마리의 새가 땅바닥에 털썩하고 떨어졌습니다.

어거스틴은 새들이 있던 나무에서 가늘고 긴 넝쿨을 잘라, 막 잡은 세 마리의 다리를 한데 묶었습니다. '두 마리는 아버지께 드려야지.' 어거스틴이 생각했습니다. '이걸 보면 기분이 좋아지실 거야.'

"엄마, 저예요." 어거스틴은 집 가까이에 이르러 크게 외쳤습니다. 하지만 아무 대답도 없이 조용했습니다. 잡아온 새를 바닥에 내려놓고 어거스틴은 가만히 집안으로 들어섰습니다. 밝은 햇빛이 비춰던 밖에서 방안으로 들어오자 눈이 어둠에 적응하는데 시간이 좀 걸렸습니다. 무릎을 꿇고 있는 어머니의 모습을 본 어거스틴은 별로 놀라지 않았습니다. 어머니 모니카는 그리스도인이었고, 아프리카의 모든 어머니들이 하는 일상의 일을 멈추고 잠시 쉴 때면, 늘 무릎을 꿇고 하나님께 기도를 드렸습니다. 어거스틴은 기도소리에 귀를 기울였습니다. "주님, 제 어린 아들의 죄를 용서해주십시오. 그 영혼을 구원하시고 그가 다른 사람들에게 주님을 전하는 도구가 되도록 해 주옵소서." 모니카는 이렇게 기도했습니다.

"또 나를 위해 기도하고 계시네." 어거스틴은 밝은 햇빛이 비치는 집 밖으로 살금살금 기어 나왔습니다. "언젠가는 나도 그리스도인이 될지도 모르지. 하지만 지금은 귀찮은 것들에 신경을 쓰기에는 너무 즐거운 일들이 많아. 내가 어렸을 때는 어머니가 나를 위해 하나님께 기도하는 것을 그만 두셨으면 좋겠단 말이야. 어머니를 기쁘게 해드리기 위해 그리스도인이 되는 게 어려운 일이 아니지만, 지금은 내 삶을 즐기고 싶어."

"오늘 경비대에서 어떤 사람이 집에 찾아 왔었다." 모니카가 집 밖에서 어린 아들을 만나자마자 말했습니다. "무슨 사고가 있었는데, 혹시 네가 관계가 있는지 의심하고 있더구나."

어거스틴은 어머니를 바라봤습니다. "제가 무슨 짓을 했다는 거예요?" 약간 신경질적으로 웃으면서 어거스틴이 물었습니다. "저는 그 일을 하지 않았고 그때 거기 있지도 않았어요."

모니카는 진지한 표정이었습니다. "어거스틴" 그녀가 말했습니다. "그 도난 사고가 발생했을 때 네가 엄마와 함께 있었기 때문에 이 일과 관계가 없다는 것은 안다. 하지만 네가 사귀는 친구들이 항상 좋은 애들만은 아니기 때문에 이렇게 곤란한 상황이 벌어지잖니?"

어거스틴은 고개를 떨어뜨렸지만 그것도 잠시 뿐이었습니다. "저는 아직 어려요, 어머니." 어거스틴이 말했습니다. "로마 경비대가 저를 찾을 만큼 어리석은 짓은 하지 않을 거예요. 그리고 제가 그리스도인이 되는 것에 대해서도 생각해보겠다고 약속할게요. 언젠가는…"

"그 '언젠가'가 어쩌면 이미 늦은 때일 수도 있단다." 모니카가 경고했습니다. "모든 사람이 어른이 될 때까지 살 수 있는 건 아니란다."

어린 소년의 등골이 오싹해졌습니다. "하지만 저는 오래 살거예요." 어거스틴이 반항적으로 대답했습니다.

"몸이 너무 아파요." 며칠 지나지 않아 어거스틴이 우는 소리를 냈습니다.

"왜 그러니?" 모니카가 물었습니다. "어디가 아픈 거냐?" 어거스틴은 대답하려고 했지만 곧 심한 통증을 느꼈습니다. 어거스틴은 심한 고통 때문에 허리를 숙일 수밖에 없었습니다. 그리고 몇 분이 지나서야 겨우 말을 할 수 있었습니다. "배가 아파요, 엄마." 어거스틴이 말했습니다. "배가 아파 죽을 것 같아요."

모니카는 아들의 이마를 짚어 보았습니다. 머리에서는 열이 났고 어머니가 보고 있는 동안에도 이마에 땀방울이 맺히고 있었습니다. 극심한 고통이 다시 한 번 어거스틴을 찾아왔고, 결국 그는 바닥에 주저앉았습니다. 그로부터 한 시간이 지나기도 전에 어거스틴은 고통으로 바닥을 뒹굴었습니다. 갑자기 심하게 열이 나다가 곧 오한이 나서 덜덜 떨었습니다. 어거스틴의 어머니는 열을 내리기 위해 어거스틴을 씻기고 물을 마시게 했습니다.

"상태가 정말 안 좋아지고 있군." 어거스틴의 아버지 파트리시우스가 말했습니다. "아이를 위해 신들에게 제물을 드리고 있어. 하지만 당신의 하나님께도 기도를 해줬으면 해."

"저는 어거스틴이 태어나기도 전부터 이 아이를 위해 하나님께 기도해왔어요." 모니카가 대답했습니다. "그리고 오늘도 쉬지 않고 계속 기도하고 있어요."

"난 당신 같은 그리스도인들을 이해할 수 없어." 파

트리시우스가 말했습니다. "동물을 제물로 바치지도 않으면서 어떻게 당신의 신이 기도에 응답해 주리라고 기대할 수 있지?"

"엄마." 어거스틴이 작은 목소리로 말했습니다. "제가 죽어가나 봐요."

모니카가 어거스틴을 바라봤습니다. 그리고 그의 손을 부드럽게 어루만졌습니다. '이 아이가 죽는 것일까?' 모니카는 속으로 생각했습니다. '며칠동안 아무것도 먹지 못했고 몸무게도 너무 많이 빠졌어. 이제 뼈와 살가죽만 남았어.'

"엄마, 제발!" 어거스틴이 눈물을 흘리면서 말했습니다.

"제발, 목사님을 불러 주세요. 죽더라도 천국에는 가고 싶어요."

모니카는 아들에게 키스를 했습니다. 모니카의 눈물이 어거스틴의 눈물과 뒤섞였습니다. "목사님을 모셔 올께." 그녀가 말했습니다. 어린 아들의 생사도 모른 채 목사님을 모시고 집으로 돌아왔을 때, 모니카는 놀랍게도 어거스틴이 회복됐다는 것을 알게 됐습니다.

어거스틴은 자리에서 일어나 앉아 망고 조각을 먹고 있었습니다.

"주님, 찬양합니다!" 모니카가 기쁨에 넘쳐 소리쳤습니다. "주님을 찬양합니다!"

"저는 제가 아직 죽을 거라고 생각하지는 않았어요!" 어거스틴이 씩 웃으며 말했습니다.

> **알아두기**
>
> **지중해**(Mediterranean Sea)
> 지중해는 유럽과 아프리카 사이에 있으며 지브로울터 해협을 통해 바다로 연결돼 있습니다. 전체 길이는 3천 2백 km로 영국의 10배나 되는 면적을 둘러싸고 있습니다.

어거스틴은 어머니 모니카를 사랑했습니다. 하지만 그녀의 가르침에도 불구하고, 어른이 될 때까지 예수님을 믿지 않았을 뿐만 아니라 몹시 방탕한 삶을 살았습니다. 모니카는 힘들었지만 기도를 쉬지 않았습니다. 모니카는 어거스틴이 뛰어난 지적 능력으로 지중해를 가로질러 이탈리아에서 교수가 된 것에 대해서 자랑스러워했지만, 진정으로 그녀가 원했던 것은 아들이 그리스도인이 되는 것이었습니다. 그리스도인이 아니라 로마의 신들을 섬겼던 어거스틴의 아버지 파트리시우스는 당시 로마 제국에 살던 사람들의 모습이 보통 그랬기 때문에 아들의 행동을 별로 문제 삼지 않았습니다.

어거스틴은 32살이 되던 해인 기원후 386년(예수님이 태어나기 전은 B.C.(Before Christ), 예수님이 태어나신 이후는 A.D.(Anno Domini)로 구분합니다)의 어느 날, 이탈리아 밀란의 한 거리를 걷고 있었습니다. 그는 길가에 앉아 즐겁게 웃고 있는 한 거지의 옆을 지나치고 있었습니다. '어떻게 저 사람이 웃고 있을 수가 있지?' 어거스틴은 궁금했습니다. '저 거지는 길거리에 나앉아 있고, 가진 거라고는 지금 걸친 옷밖에 없고, 게다가 오늘 먹을거리가 생길지 아닐지도 알 수 없는 상황일텐데 행복해하고 있어. 저 사람은 웃고 있어!' 어거스틴은 계속 걸었습니다. '내 모습은 어떻지?' 어거스틴은 생각했습니다. '나는 훌륭한 직업을 가졌고, 주위에는 예쁜 여자들도 있어. 돈도 많고 좋은 옷에다가 내가 먹고 싶은 것은 원하는 만큼 얼마든지 먹을 수 있지.' 어거스틴은 걸음을 멈추고 행복한 거지를 뒤돌아 봤습니다. '그런데 난 불행해.' 어거스틴은 자신의 현재 상태를 인정했습니다. '저 거지는 아무 것도 없이 행복하고, 난 모든 것이 있는데도 불행해. 이게 도대체 어떻게 된 일이람!'

"나와 같이 교회에 가지 않겠나?" 어거스틴의 한 친구가 그에게 물었습니다.

아무 생각없이 늘 그랬던것처럼 가지 않겠다는 대답을 하다가, 갑자기 어거스틴의 머리 속에 그 거지의 모습이 떠올랐습니다. "그래, 가겠어." 어거스틴이 말했습니다. "듣자 하니 앰브로스는 훌륭한 설교자라고 하더군."

"자네가 스스로 판단할 수 있을 걸세." 어거스틴의 친구가 말했습니다.

아들을 따라 밀란으로 이사를 왔던 모니카는 어거스틴이 교회에 갈 거라는 이야기를 전해 듣고 기도했습니다. 그녀가 이 날을 위해 얼마나 열심히 기도했는지 모릅니다.

"앰브로스는 꽤 훌륭한 설교자야." 어거스틴이 친구

와 함께 교회를 나서며 말했습니다. "오늘 들은 설교에 대해 좀 더 생각해 봐야겠어."

얼마동안 어거스틴은 앰브로스의 설교에 대해 연구했습니다. 어거스틴은 그 과정에서 눈물을 흘리기도 했습니다.

"그대로 받아들일 수가 없어요." 하루는 어거스틴이 모니카에게 말했습니다. "제 죄는 스스로 생각하기에도 너무 끔찍해요. 그런데 어떻게 하나님이 저를 사랑하실 수 있지요? 어떻게 예수님께서 제 죄를 대신 지고 죽으셨을 수가 있어요?"

"우리가 모두 죄인이기 때문에 예수님께서 우리를 위해 죽으신 거란다." 어머니 모니카가 설명했습니다. "우리가 완벽했다면 그분은 죽으실 필요가 없었을 거야. 예수님께서는 너와 나를 위해, 그리고 우리 모두의 죄를 씻기 위해 십자가에서 피를 흘리셨단다."

얼마 지나지 않아 어거스틴은 한 친구와 함께 자기 집 정원에 있었습니다. 어거스틴은 친구를 나무 아래에 혼자 앉아 있게 놔두고, 불안한 듯 이리저리 걸어

다녔습니다. 어거스틴의 마음은 몹시 혼란스러웠습니다. "집어 들고 읽어라. 집어 들고 읽어라." 마치 어린 아이와 같은 음성이 그에게 이렇게 말하는 것처럼 느껴졌습니다. '자장가의 리듬인가?' 어거스틴은 의아했습니다. 하지만 어거스틴이 아는 한 이런 가사의 자장가는 없었습니다. 갑자기 그는 그 음성이 하나님께서 자기에게 보내시는 메시지라는 사실을 깨달았습니다. 어거스틴은 성서의 로마서를 가지고 있었던 친구를 찾기 위해 정원으로 달려갔습니다. 로마서를 집어 들고, 어거스틴은 지금까지 살아왔던 것처럼 계속 방탕한 삶을 살아서는 안 된다고 강조하는 말씀이 나오는 부분을 읽었습니다. 어거스틴은 진리를 깨달았고, 자신의 죄를 고백하며 예수님을 영접했습니다. 어거스틴이 친구와 함께 집으로 돌아왔을 때 모니카는 그녀의 모든 기도가 응답되었음을 알 수 있었습니다.

그 후 어거스틴은 성경을 연구하는 위대한 학생인 동시에 기독교 신앙을 정리하는 훌륭한 교사가 되었습니다. 예수님을 영접한지 8년 만에 그는 북아프리카에서 두 번째로 유명한 도시인 히포의 주교로 임명받았습니다.

"난 지금 그 어느 때보다도 행복하네." 어거스틴이 자신의 한 친구에게 말했습니다. "내가 얼마나 불행하고 비참한 사람인지를 깨닫게 해준 그 행복한 거지에게 고마움을 느끼고 있네. 그리고 무엇보다도 어머니의 기도에 감사해."

"요즘 잘못된 교리가 너무 많아." 어거스틴의 친구가 말했습니다. "어떤 사람들은 로마가 신들에게 드리는 제사를 중지했기 때문에 망했다고 하더군. 또 다른 사람들은 우리가 하나님을 믿지 않아도 착하게 살면 천국에 갈 수 있다고 말해. 그리고 펠라기우스라는 사람은 우리가 우리의 노력으로 깨끗해질 수 있고, 우리의 문제점은 단지 착하게 살려고 노력하지 않는데 있다고 가르치고 있네."

"더 이상한 교리를 가르치는 사람들도 있다네." 함께 있던 한 설교자가 말했습니다. "도나투스파 사람들에 대해서 들어보았나?

어거스틴이 고개를 끄덕였습니다. "그들은 매우 재

미있는 사상을 갖고 있어. 교회에는 절대적으로 선한 사람들만 있어야 한다는 것이지. 그들만큼 선하지 않은 사람은 누구든지 교회에 들어올 수 없다는 얘기야!"

"그렇다면 내겐 소망이 없겠군. 난 그렇게 착한 사람들만 모이는 교회에는 절대 들어갈 수 없다는 것을 알만큼 나 자신에 대해서 잘 알고 있지." 어거스틴의 친구가 말했습니다.

"우리는 잘못된 가르침들을 잘 구별해내야 하네." 어거스틴 주교가 말했습니다. "그렇게 하지 않으면 그리스도인들이 무엇을 믿고 있는지 그 실체를 아무도 모르게 될 걸세. 그들은 기독교를 자기가 스스로 만들 수 있는 종교라고 생각할 거야. 예수님을 믿는다고 하면서 예수님의 삶에 자기가 좋아하는 무슨 이야기든지 덧붙이는 것이지."

"나는 하나님께서 우리 모두를 위해 이 일들을 잘 정리할 수 있는 놀라운 지혜를 자네에게 주셨다고 생각하네." 어거스틴의 친구가 말했습니다. "우리는 정말 심각한 혼란에 빠져 있어."

"하나님의 도움을 구하면서 내가 할 수 있는 일을

하겠네." 어거스틴이 친구들에게 말했습니다. "그리고 자네들도 내가 성경에서 진리를 바르게 찾아 알아내고, 하나님의 말씀에 없는 어떤 잘못된 사상도 받아들이지 않도록 꼭 기도해 줘야 하네."

"주교님의 책이 나올 때가 거의 다 되었다던데." 기원후 400년 경 히포 지역에는 이런 소식이 들려왔습니다. 10년 후에도 똑같은 소식이 전해졌습니다. "내가 듣기에 어거스틴이 또 다른 책을 썼다고 하더군요." 사람들이 서로 말했습니다. "정말 그 분은 대단한 지혜를 가졌어." 두 번째 책도 어거스틴의 마지막 책이 아니었습니다. 히포의 주교는 그가 가진 시간의 상당 부분을 기독교에 대한 잘못된 가르침들을 비판하고 무엇이 진리인지를 발견하기 위한 성경공부를 하는데 보냈습니다.

"내가 생각을 바로 잡을 수 있도록 어거스틴이 도와주었어." 기원후 421년 한 그리스도인이 히포의 거리를 걸으며 그의 동료 두 사람에게 말했습니다. "로마 제국의 죄악상이 너무 심했기 때문에, 교회 성도들에게 선한 삶을 살 것을 강조하다보니 펠라기우스의 주장과 똑같은 것을 가르치게 된 거야. 그렇게까지 돼버리다니 내가 참 잘못했던 거지. 물론 하나님께서는 우리가 성결하고 깨끗한 삶을 살기를 원하셔. 하지만 도덕적인 삶을 산다고 해서 천국에 가는 것은 아니잖아. 우리는 오직 예수님을 믿는 믿음으로 구원받았어. 우리가 아무리 선해지려고 노력해도 그것으로 구원을 받을 수는 없어. 우리는 모두 죄인들이기 때문이지. 나는 지금까지 나의 가르침이 성경에 기초하지 않았다는 점을 인정하게 됐네. 그 주교가 나의 문제점을 풀어 준거야."

"그리고 나는 드디어 도나투스파와 관련해 명쾌한 해답을 얻게 되었다네." 한 친구가 덧붙였습니다. "당연히 우리는 죄인들이 교회에 오는 것을 막아서는 안 되네. 예수님도 곡식 중에 가라지가 생겨서 추수할 때까지 자랄 것이라고 말씀하셨지. 교회에서도 마찬가지야. 교회에는 언제든 믿지 않는 사람들이 찾아오게 되고 그들이 예수님을 믿게 된다면 하나님께 감사를 드려야지. 내가 이러한 점을 분명하게 깨닫게 되는데 그 주교의 도움이 컸어."

"우리 모두 어거스틴의 덕을 봤어. 그건 로마사람들도 마찬가지지. 로마인들은 제국이 멸망한 원인이 신들에게 제사를 드리지 않았기 때문이라고 생각했지만 어거스틴은 성경을 통해 그것이 하나님의 심판이지, 화가 난 우상들 때문이 아니라는 사실을 분명하게 밝혀낼 수 있었다네. 그렇게 잘못 말했던 사람들 중에도 이제 예수님을 믿는 사람이 있을 거야." 신부가 말했습니다.

"그렇다면 정말 멋진 일이군!" 그의 친구들 중 한 명이 웃으며 말했습니다. "그래, 정말 기쁜 소식이 되겠어."

그들이 길을 걸어가는 동안 그 신부는 깊은 생각에 잠겨 있는 것처럼 보였습니다. "무슨 생각을 하나?" 친구들이 물었습니다.

"어거스틴이 교회를 위해 얼마나 큰 일을 했는지 생각했다네. 그가 나타나기 전까지 우리는 모두 혼동 속에 있었네. 성경을 바로 알지 못했고, 우리가 이미 알고 있던 것들조차도 이해하지 못했네. 나는 교회가 어거스틴을 이제부터 수백 년 동안 기억할 것이라고 생각하네. 아마 수천 년이 될지도 모르지. 왜냐하면 그가 우리를 바른 길로 들어설 수 있도록 해 놓았기 때문이야." "자네 말이 맞아." 친구들이 웃으면서 말했습니다. "하지만 우리가 그때까지 살아남아서 그걸 볼 수는 없겠지!"

기억하기

어거스틴은 젊었을 때 친구들과 함께 많은 문제를 일으켰습니다. 그의 어머니는 친구들이 어거스틴에게 좋지 않은 영향을 끼친다는 사실을 알고 있었습니다. 친구들을 지혜롭게 사귀는 일은 매우 중요합니다. 하나님을 믿고 그분을 신뢰하는 친구들을 사귈 수 있게 해달라고 기도하세요. 여러분의 친구들이 예수님을 믿지 않는다면 하나님께서 여러분을 통해 그들에게 예수님과 그의 사랑에 대해 전할 수 있게 해달라고 기도하세요.

생각하기

그리스도인이 되기 전에 어거스틴의 삶은 방탕했습니다. 그는 하나님의 규율을 따르지 않았습니다. 출애굽기 20장을 찾아보세요. 어거스틴은 하나님의 말씀을 불순종하는 것이 더 재미있다고 생각했기 때문에 하나님의 말씀대로 사는 것을 원하지 않았습니다. 하지만 예수님이 그의 삶 가운데로 들어오셨을 때 어거스틴의 마음은 변화를 받았습니다. 여러분의 삶 가운데 어떤 부분이 변화를 받아야할까요? 여러분은 예수님께서 여러분의 삶을 이끌어주시기를 기도하고 있나요?

기도

사랑하는 하나님, 어거스틴처럼 제 삶을 통해 하나님의 이름을 높일 수 있도록 도와주세요. 그리고 죄를 짓지 않도록 보호해 주세요. 제가 때때로 주님을 기쁘게 해드리지 못했지만, 저를 사랑하시고 용서해 주셔서 감사합니다. 예수님의 이름으로 기도드립니다. 아멘.

얀 후스
Jan Hus(1373~1415, 보헤미아)
진리를 사랑하고 진리를 지킨 종교개혁의 아버지

보헤미아(지금의 체코)에서 태어난 얀 후스는 마틴 루터 등을 통해 본격적인 종교개혁이 일어나기 훨씬 이전에 종교개혁을 준비한 종교개혁의 아버지라고 불리운 사람입니다. 그 당시는 모두 라틴어로 된 성경을 사용했고 라틴어로 예배를 드렸는데 얀 후스는 위클리프(영어로 성경을 번역한 사람)의 영향을 받아 체코어로 성경이 번역되어야 한다고 주장했습니다. 그리고 그가 교황이 저지른 잘못된 것들을 비판했기 때문에 교황은 그가 쓴 모든 책(3,000편이 넘는 설교 포함)을 불태우고 성에 가둬버렸고 마침내 그는 화형(사람을 불에 태워 죽이는 형벌)을 당했습니다. 그러나 그는 자신의 고향 보헤미아보다 더 아름다운 천국을 그리며 죽어갔습니다. 체코의 수도 프라하에는 그의 동상이 서 있는데 거기에는 다음과 같이 써있습니다. "그는 진리를 사랑하고, 진리를 말하고, 진리를 지켰다."

얀 후스는 주의 깊게 돌들을 골라 크기와 무게가 거의 같은 다섯 개의 돌을 찾아냈습니다. 그런 다음 바람을 등지고, 돌들을 허공 위로 몇 cm 던져 올렸습니다. '내가 과연 다섯 개를 다 잡아낼 수 있을까?' 호흡을 멈춘 상태에서 그는 잠깐 생각했습니다. 그리고 그는 해냈습니다. 다음번에는 돌들을 더 높이 던졌고, 역시 다 붙잡을 수 있었습니다. 그는 더 높게 한 번 더 시도했고 이번에도 돌들을 놓치지 않았습니다. "이거 재미있는데." 얀 후스는 혼자 중얼거렸습니다. "머지않아 내가 다른 아이들보다 파이브스를 확실히 더 잘하게 될 거야." 매일 매일 그는 혼자 연습을 했고, 나중에는 50cm 정도 공중으로 높게 던진 후에도 땅에 떨어뜨리지 않고 다 잡을 수 있는 확률이 많아졌습니다.

"너 어디 있었니?" 얀 후스가 친구들과 같이 놀려고 다가오자 친구들이 물었습니다. 얀은 어깨를 으쓱했습니다. 얀은 자기가 파이브스 연습을 하고 있다는 말을 친구들에게 하고 싶지 않았습니다. 충분히 잘 할 수 있게 되기까지 그것은 얀 혼자만의 비밀이었습니다.

"너도 같이 게임 할래?" 소년들 중 한 명이 말했습니다.

"무슨 게임을 하고 있었는데?"

"돌 던지기." 소년이 말했습니다.

얀이 웃으며 답했습니다. "좋아, 같이 하자." 얀은 자기가 제일 좋아하는 돌들을 주머니에서 꺼냈습니다. 얀에게 필요한 것은 둥근 조약돌로, 블랙버드의 알 만한 크기였고, 늘 이 돌들을 몇 개씩 가지고 다녔습니다. "네가 원을 그려. 내가 먼저 시작할게." 얀은 분필 같이 선이 그려지는 돌을 이용해서 땅 바닥에 원을 그렸습니다. 그리고 원 한 가운데 다른 조약돌보다 약간 더 큰 조약돌 하나를 세웠습니다. "됐지?" 얀이 물었습니다. 친구들은 그렇다고 대답했습니다. 네 명의 소년 모두는 2m 정도 떨어진 라인에 나란히 서서 차례대로 돌을 원 안으로 던졌습니다. 한 사람이 모두 6개씩 던졌습니다.

"네가 이겼어!" 얀이 친구에게 말했습니다. "네가 던진 돌이 가장 중앙에 가깝게 갔어. 우리 또 한 게임 하자."

소년들은 정말 신나게 놀이를 즐겼기 때문에 오후 시간은 빠르게 훌쩍 지나가 버렸습니다.

"얀! 얀!" 조금 떨어진 곳에서 얀을 부르는 목소리가 들려왔습니다.

얀은 돌들을 집어 들고는 집을 향해 뛰기 시작했습니다. "난 이제 가야해." 달리면서 얀은 어깨 뒤로 친구들을 향해 외쳤습니다. "엄마가 날 부르고 계셔."

"파이브스에서 친구들을 이겼니?" 얀이 파이브스를

연습하고 있다는 사실을 알고는 엄마가 물었습니다.

"아직 아니에요." 얀이 생긋 웃었습니다. "게임을 해보기 전에 확실히 제가 더 잘할거라는 확신이 들때까지 기다릴 거예요. 오늘 좋은 돌 하나를 또 찾아냈어요." 얀은 푸른 색 빛이 도는 조약돌을 집어 들면서 말했습니다. "너 또 강가에 갔다 왔구나." 후스 여사가 미소를 지었습니다. "내가 소녀였을 때 나도 블라니체강에서 색깔이 있는 돌들을 모으곤 했지. 오늘 찾은 돌을 성자 석상(돌로 만든 조각)에 바치면 좋겠다." 엄마가 말했습니다.

얀은 속이 상했습니다. 그는 자기의 돌을 성(聖) 요한의 조각상에 바치고 싶지 않았습니다. 하지만 어머니를 화나게 하고 싶지 않았기 때문에 얀은 석상이 놓인 선반 앞에 조약돌을 올려놓았습니다.

"어이쿠!" 얀이 소리를 냈습니다. "석상을 쳐서 넘어뜨릴 뻔했어요."

얀의 어머니의 얼굴이 하얗게 질렸습니다. "제발 좀 조심하거라." 그녀는 걱정스럽게 말했습니다. "그 석상을 깨뜨리면 우리에게 몇 년 동안 불행이 찾아 올 수도 있단다." 얀은 석상이 놓인 선반을 바라보면서 의아해 했습니다. 석상은 돌로 만들어진 것이었습니다. 그리고 자기가 주워 온 푸른 색 조약돌도 역시 똑같은 돌이었습니다. 돌 하나를 떨어뜨린다고 정말 불운이 찾아올까요?

얀의 아버지는 얀이 어렸을 때 돌아가셨습니다. 후지네크의 모든 마을 사람들이 그의 장례미사에 참석했습니다. 라틴어로 치러진 장례미사는 작은 소년이 알아들을 수 있는 내용이 많지 않았습니다. 그렇지만 얀은 너무나도 가슴이 아팠기 때문에 미사가 어떤 내용인지 알고 싶었습니다. 장례를 마치고 얀은 교회로 갔습니다. 교회는 그곳에 있는 유일한 석조 건물(돌로 만든 건물)이었고, 종탑도 설치돼 있었습니다. 얀은 종소리를 좋아했지만, 자기 아버지의 장례식 날 그 종이 울릴 때는 무서워서 몸이 떨렸습니다.

"십자가상에 절은 했니?" 얀이 교회 안으로 들어올 때 사제가 부드럽게 말했습니다. 얀은 십자가에 달린 예수 석상에 절을 하고, 사제가 말을 건네주기를 기다리며 서있었습니다.

"무슨 일이 있니?" 사제가 물었습니다.

"신부님, 제발 알려주세요." 얀이 말했습니다. "저의 아버지가 천국에 가셨을까요?"

사제는 얀의 말에 많이 놀란 듯했습니다. "아니지." 사제가 대답했습니다. "네 아버지는 좋은 사람이었지만 그것으로 충분하지는 않단다. 하지만 네가 성인들에게 열심히 기도하면 네 아버지도 언젠가는 천국에 갈 수 있을 거다."

어린 얀은 이해할 수 없었습니다. 교회 둘레에 있는 모든 성인들의 석상을 바라보면서 얀은 조각을 한 후 색칠을 해서 만든 돌덩어리가 어떻게 자기 아버지를 천국에 데려갈 수 있을지 궁금했습니다.

"그리고 집으로 돌아가기 전에 십자가상에 절하는 거 잊지 마라." 고개를 숙이고 성호를 그린 후 얀은 문 쪽으로 달려 나왔습니다.

"엄마, 저는 대학에 갈 수 없을 거예요." 몇 년 후 10대 소년이 된 얀이 말했습니다. "저를 대학에 보낼 돈이 엄마에게는 없잖아요."

후스 여사는 팔짱을 낀 채, 움직이지 않고 서 있었습니다. 얀은 그의 어머니가 진지하게 이야기하고 있다는 사실을 알아챘습니다. "내 말을 잠자코 들어라. 어떤 부유한 신사 한 분이 친절하게도 네 교육비를 대주기로 하셨다. 너는 대학에 가서 열심히 공부해서 그분이 너를 자랑스럽게 여길 수 있도록 해드려라." 팔짱을 낀 팔을 옆으로 내리면서, 후스 부인의 얼굴에도 엄한 표정이 사라졌습니다. "그리고 나도 너를 자랑스럽게 생각할게다." 그녀는 웃으면서 말을 덧붙였습니다.

얼마 후, 얀은 그의 옷과 책이 들어 있는 작은 짐꾸러미를 들고 프라하 대학으로 갔습니다.

"여긴 정말 아름다운 곳이야." 얀 후스는 블라니체 계곡에서 온 다른 소년과 함께 도시의 거리를 돌아보면서 말했습니다.

"이곳이 보헤미아에서는 유일하게 석조 건물들이 있는 곳이라는 말을 들었어." 그의 친구가 말했습니다."

"그리고 이 모든 석상들도 그렇지." 얀이 말했습니다. "어디를 가든지 돌들이 있어." 얀은 그가 어린 시절 집에 있을 때 했던 파이브스 놀이와 강에서 모았던 조약돌을 떠올렸습니다. "나는 첨탑(꼭대기가 뾰족한 탑)을 만들 만큼 충분한 돌을 모으지는 못했어." 얀이 웃었습니다. 그리고 바로 그 때 성(聖) 요한상 옆에 두었던 푸른 색 조약돌이 생각났습니다. "석상에다 절을 하면 석상이 너를 도와줄 거라고 믿니?" 얀 후스가 친구에게 물었습니다.

친구가 얀을 바라보았습니다. "교회에서 그렇게 말하면 나는 그것을 믿어. 그렇게 사는게 편하지."

> **알아두기**
>
> **프라하(Praha)**
>
> 프라하는 체코슬로바키아의 수도였습니다. 지금은 체코슬로바키아가 체코와 슬로바키아로 분리돼 체코 공화국의 수도입니다. 체코슬로바키아가 탄생하기 전 이 나라는 보헤미아로 불렸습니다. 100개의 탑이 있는 도시로 불리기도 한 프라하는 블타바강(몰다우강)변 넓은 유역을 따라 만들어졌습니다. 이 도시의 전통적인 중심부에는 자갈로 된 길이 있는 올드 타운 스퀘어(Old Town Square)이며, 그곳에는 얀 후스의 기념비가 우뚝 서 있습니다.

당시 보헤미아에는 큰 소란과 걱정거리가 있었습니다. 얀은 그것이 무엇 때문인지 알아보려고 했습니다.

"다음 세기로 바뀌기 전에 정말 지구의 마지막이 올 거라고 생각해요? 나는 왜 1400년의 1월 1일이 1399년의 12월 31일과 다르다는 건지 모르겠어요." 얀은 그보다 나이가 많은 학교 학생에게 물었습니다.

선배 학생이 머리를 흔들었습니다. "너는 아직 어려. 네가 나만큼 나이를 먹으면 이러한 문제를 심각하게 받아들일 거야. 교회가 1399년 마지막 날 자정에 이 세상에 종말이 올 것으로 생각하지 않았다면, 천국에 가기 위한 특별 헌금을 우리에게 요구하지는 않았겠지."

1400년이 가까워 오면서 공포감은 더욱 커지기 시작했습니다. 그리고 그 해 마지막 날 밤 자정이 가까워지면서 어떤 사람들은 성인들의 석상에 기도를 했고, 어떤 사람들은 술을 마셨는데, 너무 많이 취해 그 날이 무슨 날인지 조차 모를 정도였으며, 어떤 이들은 가족들과 함께 두려워하면서 세상의 종말을 기다렸습니다. 하지만 세상 종말은 오지 않았습니다. 자정은 지나갔고, 새로운 세기가 밝아왔습니다.

그 때 얀 후스는 대학 교수였고, 1400년에는 사제가 되었습니다. "내게 심각한 고민들이 좀 있네. 잉글랜드 사람 위클리프(교회 개혁운동에 앞장섰던 영국의 종교 개혁가로 라틴어 성경을 영어로 번역하여 일반인도 성경을 읽을 수 있도록 해서 교회의 미움을 샀고 결국 화형당했습니다)의 가르침을 들으면 들을수록 나는 교회에서 말하는 것들이 마음에 들지 않게 돼." 얀이 가장 친한 친구에게 말했습니다.

"그랬군." 다른 사제가 말했습니다. "하지만 먼저 그 차이점을 한번 설명해보지 그래."

젊은 두 사람은 한 나무의 낮게 뻗은 가지 위에 같이 걸터앉았습니다. "좋아. 그러면 차이점 몇 가지를 설명해 보도록 하지." 얀이 말했습니다. "교회는 돈이 많고 권력이 있어. 예를 들어서 이곳 주변의 땅 대부분을 누가 소유하고 있지?"

"물론 교회지." 얀의 친구가 동의했습니다.

얀은 고개를 끄덕였습니다. "하지만 분명히 그리스

도인들은 막대한 돈을 자신이 축적하기보다는 가난한 사람들에게 나눠줘야 해. 나는 그 점에서 위클리프의 의견에 동의해. 그리고 또 다른 것도 있어. 모든 미사를 라틴어로 드리고 있어. 보헤미아 사람들이 라틴어를 알아들을 수 있겠어?"

"맞아." 그의 친구가 말했습니다. "하지만 성직자들이 예배 인도와 기도를 제대로 하고 있다면 보통 사람들이 그것을 알아듣지 못한다고 해서 무슨 문제가 되겠어?"

"하나님께서 보통 사람들도 그들이 무엇을 하고 있는지를 알기 원하시기 때문에 문제가 되는 거야. 성경은 우리가 스스로 담대하게 하나님 앞에 가야한다고 가르치지. 사제를 통해서 가야한다고 말하는 부분은 어디에도 없다고."

"이제 그 정도로 됐네." 친구가 말했습니다. "자네 말을 듣다보니 내 머리가 빙빙 도는 것 같아."

얀 후스는 그렇게 쉽게 그만두지 않았습니다. "끝까지 내 이야기를 들어보게." 집으로 돌아가는 길에 얀이 그 친구에게 말했습니다. "위클리프는 성경을 영어로 번역했고 우리는 성경을 우리의 언어로 번역해야 해. 그리고 미사에도 문제가 있어. 왜 우리는 성찬을 하면서 빵만 먹고 포도주는 마시지 않지? 성경에는 우리가 그리스도의 죽음을 기념하면서 빵과 포도주를 함께 먹어야한다고 적혀 있잖은가?"

얀의 친구가 자기 손을 들어올렸습니다. "이제 그만하세. 이 정도로 충분하네. 자네 말을 들으면 자네는 교회의 전통보다 성경을 더 믿는 것 같아!"

후스가 씩 웃었습니다. "그렇다네. 하지만 교회가 그걸 별로 좋아할 것 같지는 않다네." 그가 말했습니다.

2년 후 얀은 프라하에 있는 베들레헴 예배당에서 설교를 하기 시작했습니다. '난 이곳이 좋아.' 얀은 생각했습니다. '여기는 교황의 영향을 받지 않는 곳이야. 나는 이곳에서 이곳 사람들의 언어로 말씀을 전할 수 있어.'

매 주일마다 그는 체코어로 설교를 했고 회중들은 체코어로 찬양을 불렀으며, 하나님의 말씀 또한 체코어로 읽혀졌습니다. 마침내 사람들은 그들 자신의 언어로 복음을 들을 수 있게 됐습니다.

"예배를 이해할 수 있어서 얼마나 좋은지 몰라!" 교회를 나서면서 사람들은 말했습니다.

"그런데 먼저 성자들에게 기도하지 않아도 하나님께서 우리의 기도를 들어 주실까?" 다소 걱정스러운 목소리로 한 사람이 물었습니다.

"얀 후스는 석상에 기도하는 것이 강가에 있는 조약돌에게 기도하는 것과 똑같다고 말했어." 첫 번째 사람이 말했습니다. "우리의 기도는 예수님의 이름으로 하면 되고 성자들을 통할 필요가 없다고도 말했지."

"난 그 부분에 확신이 안가." 그의 친구가 말했습니다. "난 여행을 할 때마다 성(聖) 크리스토퍼에게 항상 기도했고, 그분이 나를 안전하게 지켜 주기를 기원했어. 그리고 나는 여러 가지 다른 일들에 맞게 기도할 성자들의 전체 목록도 갖고 있다고. 난 그들에게 돈도 바쳤어."

얀 후스는 예수님에 대해 설교했고 성경이 하나님의 진정한 말씀임을 사람들에게 알렸으며, 하나님께서는 결코 거짓말하는 분이 아니라고 가르쳤습니다. 그는 교회가 항상 진리를 말했던 것은 아니었고, 여전히 사람들에게 잘못된 것을 가르치고 있다고 설명했습니다.

"당신, 어떻게 감히 교회에 대해 이런 말들을 하는 거요!" 프라하의 대주교가 격분했습니다. "당신이 어떻게 사람들에게 감히 교황도 사람에 불과하고, 다른 이들과 똑같이 거짓말을 하고, 사람들을 의도적으로 잘못된 길로 인도하는 악한 죄인이라고 말할 수 있는 거요!"

"제가 이런 사실을 감히 말하지 않을 수 없기 때문에 말하는 것입니다!" 창백하고 마른 얀 후스가 말했습니다. 대주교는 거의 미친 듯이 소리를 질러 댔습니다.

"무슨 말이오. 당신이 방금 한 말이 무슨 뜻인지 내게 설명해보시오!"

얀은 성경과 존 위클리프에 대해 설명하려고 노력했

지만, 대주교는 너무나도 흥분해서 그의 말을 제대로 듣지 못했습니다.

"여기서 나가시오!" 광분한 대주교가 소리를 질렀습니다. 대주교의 눈은 마치 얀을 때릴 것처럼 앞으로 불룩 튀어 나왔습니다.

"주교님은 아직 제 이야기를 끝까지 듣지 못하셨습니다!"

프라하의 대주교는 위클리프의 책과 얀 후스가 쓴 모든 책을 모아 불태워 버렸습니다. 그리고 얀을 교회에서 몰아낸 후 프라하 바깥으로 추방했습니다.

"대주교가 만약 나의 설교를 막을 수 있다고 생각한다면 잘못 생각하고 있는 걸세. 만일 도시에서 설교할 수 없다면 시골 마을로 가서 말씀을 전하겠어. 그리고 그들이 시골 마을에서까지 나를 쫓아낸다면 그 때는 산중턱이나 보헤미아의 강가에서 설교를 할 거야." 후스가 자기 친구들에게 말했습니다.

점점 더 많은 사람들이 주교나 사제들의 말보다 얀 후스의 가르침을 따르게 되자, 대주교는 후스를 죽일 계획을 세웠습니다. 교황도 얀 후스를 없애기를 원했습니다.

"이제 어디서도 안전하지 못해." 1414년 어느 날 한 친구가 얀에게 말했습니다. 그리고 그의 말이 맞았습니다. 후스는 체포되어 감옥에 갇혔습니다. 그 해 겨울 얀은 고트리벤 성으로 끌려갔고 차가운 바람이 숭숭 들어오는 그곳 석탑에 손과 발이 묶인 채 몸이 얼어갔습니다.

"사랑하는 예수님" 후스는 석탑 돌 벽에 기대어 앉아 기도했습니다. "바로 이곳에 저와 함께 해주셔서 감사드립니다. 저를 이곳에 가둔 사람들을 용서해주시고, 제가 기대고 있는 이 돌이 성인의 형상으로 조각되기만 하면 그들의 기도를 들어줄 수 있다고 잘못 믿고 있는 사람들을 용서해주십시오! 하늘에 계신 아버지, 그들에게 진리를 보여주시고, 성경이 진리임을 알게 해 주옵소서."

겨울이 지나갔고 봄이 왔습니다. 그리고 다시 여름이 왔습니다. 탑에는 바람이 덜 불었지만, 후스의 교도관은 더 이상 친절하지 않았습니다. 대주교는 7월에 얀 후스를 불렀습니다. 얀은 탑에서 나와 가파른 계단 아래로 끌려 내려왔고, 아침 햇살을 보게 됐습니다.

"나의 아름다운 땅" 후스는 아름다운 풍경을 즐기면서 생각했습니다. 그리고 이제 곧 보헤미아보다 더 아름다운 곳을 보게 될 것이라는 사실을 알았습니다.

기둥이 땅에 세워지고 후스는 그 기둥에 묶여졌습니다. 후스는 기둥 주변에 화형을 준비하기 위한 나무 조각들이 쌓이는 것을 바라보았습니다. 얀은 횃불이 다가오는 것을 보았고, 첫 불꽃이 공중으로 피어오르는 것도 보았습니다. 그는 열기가 점점 더 가까이 오는 것을 느꼈고 불꽃이 그를 삼키기 전 이렇게 말했습니다.

"모든 나의 설교와 가르침, 글과 행동들은 사람들을 그들의 죄에서 돌이키기 위함이었습니다. 그리고 그 가르침이 옳았음을 오늘 저의 죽음으로 증명합니다."

그가 말하기를 마쳤을 때 화염이 그를 휘감았습니다. 불가에 서있던 사람들은 그들이 얀 후스가 불에 타는 것을 보고 있다고 생각했습니다. 하지만 그곳에는 얀 후스의 육체만이 있었을 뿐입니다. 그의 영혼은 더 좋은 곳에 있었고, 그곳은 예수 그리스도께서 예비하신 천국이었습니다.

 기억하기

얀 후스는 우리가 담대함으로 하나님 앞에 나아가야 한다고 믿었습니다. 우리는 하나님 앞에 기도하기를 두려워해서는 안됩니다. 우리는 모든 문제와 걱정들을 사랑하는 하나님 아버지께 맡길 수 있습니다. 사도 베드로는 베드로전서 5장 7절에서 우리를 사랑하시는 하나님께 모든 염려를 맡기라고 말합니다. 여러분 스스로 여러분을 위해 하나님께 기도할 수 있습니다.

 생각하기

얀의 생애에서 가장 중요한 목표는 사람들을 그들의 죄로부터 돌이키고 그들 스스로 주 예수 그리스도를 알도록 하는 것이었습니다. 죄는 여러분의 삶과 주변

에 어떤 나쁜 영향을 끼쳤나요?

 기도하기

　사랑하는 하나님, 저를 죄에서 돌이켜 하나님을 향하게 하시고 저 스스로 예수 그리스도를 알 수 있도록 도와주세요. 제가 주님께 기도하고 나의 모든 걱정을 맡길 수 있도록 인도해 주세요. 제 삶의 가장 중요한 목표가 주님을 찬양하고 주님께 예배하는 것이 되게 해주세요. 예수님의 이름으로 기도드립니다. 아멘.

마틴 루터

Martin Luther(1483~1546, 독일)
'오직 믿음'으로 불의한 교황에 정면으로 맞서다

마틴 루터가 살던 당시 교회에서는 강제로 성도들에게 면죄부를 팔았습니다. 면죄부는 돈을 주고 사면 그동안 지은 죄가 없어지고 천국에 갈 수 있다는 증명서였습니다. 그러나 교회에서 면죄부를 파는 것을 본 루터는 그것이 옳지 않다는 것을 알고 분노했습니다. 구원은 돈으로 살 수 있는 것이 아니기 때문입니다. 그래서 그는 자신이 가르치고 돌보는 많은 사람들에게 진실을 알리기 위해 설교에서 교회의 면죄부 판매를 강하게 비난했습니다. 그러나 교회의 태도가 전혀 바뀌지 않자 드디어 1517년 10월 31일, 교회가 저지른 잘못을 95개의 목록으로 만들어 비텐베르크 성 교회의 문에 붙였습니다. 그 사건을 통해 사람들은 진실을 알게 되었고 종교 개혁의 불씨가 시작되었습니다.

Martin Luther

　　　　　　마틴은 섹서니(Saxony)의 맨스필드 길가에서 모퉁이를 돌며 주위를 살피고 있었습니다. "설마 유령이 나타나는 건 아니겠지?" 뒤에서 동생이 물었습니다. 동생은 마틴보다 어렸기 때문에 늘 형을 앞장세울 수 있는 것을 다행으로 생각했고, 어두울 때는 더욱 그랬습니다.

　"없어." 마틴이 속삭였습니다. "안전한 것 같아." 목소리는 확신에 찬 듯 들렸지만, 사실은 마틴도 동생처럼 겁이 나서 온 몸을 떨고 있었습니다.

　"앗, 이게 뭐야!" 뭔가가 다리를 건드리자 마틴이 비명을 질렀습니다.

"고양이였어." 동생이 말했습니다. "고양이가 오고 있는 것을 형도 본 줄 알았는데."

"성당 앞으로 지나가고 싶지는 않아." 마틴이 말했습니다. "저 멀리 돌아서 집으로 가자."

"나도 성당을 지나가고 싶은 생각이 없어. 그곳에는 유령들이 있어서 가끔 어린 아이, 특히 남자애들을 붙잡아서 도망간데." 동생이 동의했습니다.

"누가 그런 말을 했는데?"

"어떤 사람이 성당 근처에서 놀고 있던 애들에게 하는 말을 들었어. 그 사람은 유령들이 남자애들을 데려가서 자기들을 위해 일을 시키고, 유령에게 붙잡힌 아이들은 지하 세계에서 절대로 돌아올 수 없다고 말했어. 그 아이들은 감옥 같은 지하에 갇혀 영원토록 빠져나올 수 없다는 거야."

"말도 안 되는 소리 같아." 마틴이 말했습니다. 하지만 마틴은 혼자서는 절대로 성당 근처에 얼씬도 하지 말아야겠다고 결심했습니다. 마틴은 지하 세계의 죄수가 되는 모험을 하고 싶지는 않았습니다.

그날 밤 잠자리에 누워서 마틴은 마귀와 성당, 유령과 신부들에 대해 생각했습니다. 어떻게 해도 이것들을 따로 떼어 생각할 수는 없었습니다.

"무서워해야 할 것들이 이렇게 많지 않았으면 좋을 텐데." 마틴은 생각했습니다. "신부님들은 아이들이 나쁘기 때문에 천국에 갈 수 없고, 때로는 수백 년 동안을 연옥에서 지내야 할 거라고 말해서 나를 제일 겁나게 만들어."

"연옥이 뭐예요?" 마틴이 그 다음날 아버지에게 여쭤보았습니다.

"우리가 죽었을 때 가는 곳이란다. 그리고 우리는 천국에 갈 수 있을 때까지 그곳에 머물게 되지"라고 아버지는 설명해 주셨습니다.

"하지만 저는 죽으면 바로 천국에 가고 싶어요." 마틴이 말했습니다.

"그렇게 하지는 못 할게다, 애야." 루터 씨가 슬픈 표정으로 말했습니다. "너는 이미 나쁜 짓을 너무 많이 했잖니. 거의 완벽한 삶을 사는 사람들만이 바로 천국에 갈 수 있지. 그래서 나는 천국에 직행할 수 있는 사람들은 교황과 추기경과 대주교들뿐이라고 생각한다."

"주교와 신부들은요?" 마틴이 물었습니다. 아버지의 고개가 흔들렸습니다. "내 생각에는 그들 대부분도 연옥으로 갈게다."

마틴은 아버지에게 질문을 하면서 거의 울음이 터질 지경이었습니다. "우리는 어떻게 연옥에서 나올 수 있어요?"

"아직 살아있는 사람들은 미사에 잘 나가고 교회에 많은 돈을 헌금으로 내면 가능하지." 아버지의 대답은 루터를 더욱 혼란스럽게 만들었습니다.

"아직 안 자?" 마틴의 동생이 물었습니다.
"그래."
"뭘 생각해?"

마틴은 동생에게 자기가 생각하고 있는 것을 말해주었지만 어린 동생은 그 말을 듣고 오히려 더 많은 질문을 했습니다. "만약에 가족들이 미사를 잘 나가지 않으면 어떻게 되는 거야? 사람들은 연옥에 영원히 머물러 있어야 하는 거야?"

"내 생각에는 그래." 마틴이 말했습니다.

"하지만 만약 엄마가 돌아가시고 아빠도 광산에서 돌아가셔서 우리를 위해 미사를 볼 사람이 아무도 없으면 어떻게 되는 거야?"

마틴은 정말 몹시 겁이 나기 시작했기 때문에 잠이 들어 동생이 말하는 것을 못 듣는 척 하기로 마음먹었습니다. 마틴은 뒤척이며 곰곰이 생각하느라 몇 시간을 깨어 있었습니다. "우리가 드린 미사가 죽은 남동생과 여동생들을 천국으로 보내기에 충분했을까?" 루터는 걱정이 됐습니다. "아니면 동생들은 여전히 연옥에 있는 걸까?"

그 다음날 아침 마틴은 늦게까지 일어나지 못했고 아버지는 이를 결코 좋아하지 않았습니다. "이 게으른 녀석아!" 아버지가 바지에서 가죽 벨트를 풀면서 말했습니다. "아버지는 너를 위해 열심히 일하는데 네가 하는 짓이라고는 늦게까지 잠자는 것뿐이냐. 우리가 처음 맨스필드로 왔을 때 단 한 푼도 없었지만, 나는 손바닥이 닳도록 일해서 너희들을 먹이고 입혔다. 정말 열심히 일해 내 소유의 광산까지 갖게 됐지. 그런데 그렇게 해서 내가 얻은 게 뭐지? 큰아들이라는 녀석이 아침에 침대에서 일어나지도 않고 있다니!"

마틴은 아버지의 벨트는 애당초 피하려 하지 않는 편이 좋다는 것을 알고 있었습니다. 그래서 꽁무니를 빼지 않고 아버지가 내리는 벌을 그대로 받았습니다.
"가서 네 어머니가 나무 줍는 것을 도와드려라." 루터 씨가 벨트를 다시 바지에 차면서 말했습니다.

루터는 아버지가 시야에서 멀리 사라질 때까지 집에서 기다렸다가 벨트로 맞은 부분을 문질렀습니다. 하지만 아버지가 곧 자기를 뒤쫓아 와서 무엇을 하고 있는지 확인하실 걸 알고 있었기 때문에 오랫동안 집에 머물러 있지 않았습니다. 루터는 숲 속 어디에 어머니가 계실지 예측할 수 있었습니다. 얼마 전 큰 나무 하나가 바람에 넘어졌고, 그런 곳에서 나무 조각을 많이 구할 수 있기 때문입니다.

"나를 도우려고 왔구나." 마틴의 어머니가 말했습니

다.

"아버지가 보내셨어요." 마틴이 어머니에게 말했습니다. "하지만 아버지가 보내지 않으셨더라도 저는 이곳에 왔을 거예요." 마틴은 장작으로 쓸 나무 조각 모으는 일을 좋아했습니다. "어머니, 그거 아세요? 나무는 사람을 두 번 따뜻하게 만들어줘요."

"무슨 뜻이냐?" 어머니가 물었습니다.

마틴이 설명했습니다. "처음 나무 조각을 모을 때 마음을 따뜻하게 하구요. 그 다음에 불 속에서 타면서 다시 몸을 따뜻하게 해주지요!"

"너는 참 똑똑한 아이야." 어머니가 말했습니다. "아버지가 너를 학교에 보내고 싶어 하시는 것도 놀랄 만한 일이 아니구나."

학교까지 가는 길은 너무 멀었기 때문에 처음에는 누군가가 마틴을 학교 근처까지 태워다 주어야 했습니다.

"학교는 어때?" 어린 동생은 이야기를 나눌 시간이 있을 때면 침대에서 형에게 물었습니다.

"끔찍한 한 주였어." 마틴이 설명했습니다. "선생님이 정말 지독해. 일주일 내내 매를 저축해 놓았다가 금요일에 한꺼번에 때리는 거야. 나는 오늘 15대나 맞았어."

"너무 아팠겠다." 동생이 동정하는 마음으로 말했습니다.

"그러니까 내가 한 쪽으로 밖에 못 누워 있는 거야." 마틴이 내뱉듯이 말했습니다. "그 선생님은 또 내가 나쁜 아이이기 때문에 절대로 천국에 갈 수 없다고 말했어."

마틴에게 또다시 잠 못 이루는 밤이 시작됐지만, 매를 맞아 아프기 때문만은 아니었습니다.

학교를 마치고 마틴은 학업을 계속하기 위해 대학에 진학했습니다.

"저는 변호사가 되겠어요." 마틴이 아버지에게 말했습니다. "그러면 아버지께서 저를 자랑스러워하실 거예요."

하지만 천둥 번개가 그의 계획을 바꿔놓았습니다. 법학 공부를 하던 어느 날, 루터는 말을 타고 들판으로 나갔다가 갑자기 쏟아지는 무시무시한 폭풍우를 만났습니다. 번개가 포크 모양으로 이쪽 저쪽에서 번쩍거렸고, 강렬한 빛 때문에 앞이 보이지 않을 정도였습니다.

"도와주세요. 성(聖) 앤님!" 공포에 질린 마틴이 울부짖었습니다. "살려주시면 수도사가 되겠습니다."

마틴은 살아남았고, 아버지가 그리 좋아하지 않았지만 정말 수도사가 되었습니다.

하지만 수도사가 되었음에도 불구하고 연옥에서 영원히 지내야한다는 두려움은 여전히 젊은 루터의 마음을 괴롭혔습니다.

"내가 무엇을 하면 천국에 갈 자격이 충분한 사람이 될 수 있을까?" 마틴은 자기 자신에게 계속 반복해서 물었지만 가슴만 터지는 것 같았습니다.

"매일 아침 주기도문을 50번씩 읽어야 하겠다"거나 "매일 아주 적은 양의 한 끼 식사만 해야 하겠다" 또는 "세상에서 가장 거친 말의 꼬리털로 된 조끼를 입어야 하겠다", "매일 새벽 2시에 일어나서 날이 밝을 때까지 계속 기도 해야겠다"고 루터는 생각했습니다.

그리고 그는 이 모든 일들을 실천해봤습니다.

루터는 로마에까지 가서 빌라도의 집으로 알려진 곳을 찾아가 보기도 했습니다. 마틴은 그곳에서 무릎을 꿇고 29개의 계단을 기어서 올라갔으며 각 계단마다 멈춰서 기도를 했습니다.

> **알아두기**
>
> **로마(Rome)**
> 로마는 기원전 753년에 세워진 것으로 알려져 있으며, 1871년부터 통일된 이탈리아의 수도였습니다. 1590년에 지어진 성 베드로 성당의 돔형 지붕은 아직도 하늘 높이 우뚝 솟아있습니다.

"내가 하는 행동이 중요한 것이 아니야." 마틴은 울부짖었습니다. "그 어떤 행동도 내가 연옥에서 벗어날 수 있다는 확신을 갖게 해주지 못해." 루터는 걱정 때문에 거의 미칠 지경이었습니다.

하루는 공부를 하던 루터의 마음속에 매우 놀라운 생각이 떠올랐습니다. "이것이 사실일까?" 그는 스스로 질문해 보았습니다. "우리의 행동에 의해서가 아니라 믿음을 통해서 구원을 얻는다는 것이 정말 진리일 수 있을까?"

루터는 성경의 이곳저곳을 찾아보았고, 흥분에 몸을

떨었습니다. 이윽고 안도의 눈물이 그의 얼굴을 타고 흘러내렸습니다. 루터는 쉴새 없이 흘러내리는 눈물 때문에 성경을 제대로 읽을 수 없어서 계속 눈물을 닦아 냈습니다.

"사실이야, 이것이 진리야!" 루터는 부드럽게 말했습니다. 그는 높은 의자에서 내려오다가 거의 넘어질 뻔했습니다. 다리는 다시 흔들렸고 마치 몸무게의 절반 정도를 잃어버린 것 같았습니다. "지금까지 지고 있던 무거운 짐이 갑자기 사라져 버린 것 같은 기분이야."

자리에 앉아서 루터는 자신이 발견한 것에 대해 생각해 보았습니다. 누군가가 방에 들어와 루터의 모습을 보았다면 도대체 무슨 일이 일어난 건지 정말 궁금하게 여겼을 것입니다. 이 심각한 수도사 마틴 루터는 눈물을 닦다가, 성경을 찾기 위해 벌떡 일어났고, 또다시 바닥에 앉아 크게 웃다가 또 계속해서 말을 하며 방안을 걸어 다녔습니다. "이것이 진리야! 주님을 찬양합니다. 이것이 진리입니다!"

마틴 루터는 이 진리를 발견한 후 몇 달 동안 많은

공부와 사색을 계속했습니다.

"성경은 분명하고 확실하게 우리가 하나님을 믿는 믿음으로 인해 구원을 받는다고 말하고 있어." 루터는 중얼거렸습니다. "그런데 내가 수 년 동안 공부하고 또 염려하면서 이 진리를 보지 못한 까닭이 뭐지?"

이 질문에 대한 대답은 루터를 정말 당황스럽게 만들었습니다. "성당이 나의 평생 동안 거짓말을 가르쳤기 때문에 진리를 볼 수 없었던 거야."

루터는 머리를 흔들면서 주먹으로 책상을 내리쳤습니다. "한 평생 나는 내가 어떻게 연옥에서 빠져나올 수 있을지 걱정했는데, 지금 나는 그런 곳이 없다는 사실을 발견했어! 그런 곳은 성경에 전혀 없어!" 루터는 방을 돌아다니면서 중얼거렸습니다. "왜 성당에서 거짓말을 했을까? 왜? 왜? 이유는 하나 밖에 없어. 모든 사람이 두려워하기를 바라고 있었던 거야. 그리고 그 두려움을 통해서 그들은 우리들을 조정할 수 있기를 바랬던 거야." 루터의 눈동자가 불타올랐습니다. "그리고 성당은 지금도 계속 그렇게 하고 있어! 이제 내가 무엇을 해야 하지?"

1517년 루터의 교회에 공고가 나붙었고 다른 모든 교회에도 똑같은 내용의 공고가 붙었습니다.

"거룩한 아버지이신 교황의 교회를 다시 지어야한다. 이 일은 막대한 자금이 필요하기 때문에 교황은 은혜롭게도 면죄부(중세 시대 로마 카톨릭교회에서 신자에게 죄를 용서하는 대가로 돈이나 값진 것을 받고 팔았던 증명서)를 판매한다는 결정을 내리셨다. 면죄부를 구입하는 모든 사람은 자신의 죄와 사랑하는 사람들의 죄를 용서받게 될 것이고 그래서 천국에 가게 될 것이다."

마틴은 이 소식을 듣고 크게 놀랐습니다. 그는 교회를 나오면서 머리가 빙빙 도는 것 같았습니다. "면죄부는 또 뭐야?" 루터는 자신에게 질문했습니다. "당신의 죄를 용서받았다고 적은 종이 조각에 지나지 않아. 어떻게 종이 조각에 돈을 지불하고는 하나님께서 그들을 천국으로 인도하실 거라고 믿을 수 있지? 평범한 사람들도 이런 것은 분별할 수 있는 능력이 있을 거야."

갑자기 루터는 걸음을 멈췄습니다. "아냐! 그들은 그렇지 않아. 내가 수 년 동안 해왔던 일들을 똑같이 할 거야. 사람들은 성당에서 그렇게 말했기 때문에 그대로 믿을 거야. 이건 정말 끔찍한 일이야. 사람들은 그들이 절대로 볼 수 없는 천국에 가기 위해서 감당할 수 없는 돈들을 내려고 할 거야!"

루터는 그의 서재에서 분명히 엄청난 폭풍을 일으킬 문서를 준비하면서 긴 시간을 보냈습니다. 글쓰기를 마쳤을 때 루터는 성당의 가르침 중 성경으로부터 온 것이 아님을 증명하는 95가지의 목록을 만들었습니다. 그것들의 상당부분은 연옥이나 면죄부와 관련돼 있었습니다. 루터는 길다란 종이와 약간의 못, 그리고 조그마한 망치를 가지고 비텐베르그 마을에 있는 캐슬 교회로 향했습니다.

교회 문 앞에 도착했을 때 루터는 안으로 들어가지 않았습니다. 그 대신 그는 작성한 '95개조 반박문'을 문에 고정시켰습니다. 루터가 한 일에 대한 소문은 곧 마을 전체에 퍼졌습니다.

"루터가 옳은 것은 아닌지 모르겠어." 한 두 사람이 말했습니다.

"그가 어떻게 감히 우리가 면죄부에 쓴 돈이 우리를

천국에 보낼 수 없다고 말하는 거야!" 어떤 사람들은 흥분했습니다.

그리고 상당수의 사람들은 어떻게 생각해야 할지를 몰랐기 때문에 크게 걱정하며 울었습니다.

오래지 않아 마틴에 대한 소식이 교황의 귀에 들어갔고, 그는 자신의 수도사가 한 일에 대해 전혀 기뻐하지 않았습니다. "그를 이리로 데려오시오!" 교황이 명령했습니다. "사람들이 그가 말하는 것에 귀를 기울이면 문제가 생길 것이오. 그를 이리로 데려오면 내가 그를 파면시켜 버리겠소."

교황의 명령이 도착했을 때 루터는 로마에 가는 것을 거절했습니다. "성경에는 교황 같은 사람은 없어. 그리고 하나님보다 교황에게 더욱 순종해야한다고 말하는 부분도 분명 없다네. 교황은 자기가 하고 싶은 말을 할 수는 있지만, 나는 냉큼 달려가서 그의 말에 복종하지는 않을 걸세!" 루터가 친구에게 말했습니다.

"그것은 참 위험한 생각이야." 루터의 친구가 걱정스럽게 말했습니다.

그러자 루터가 웃었습니다. "하지만 그건 사실이야.

명백한 사실이지. 너무나도 오랜 기간동안 교회는 교황에 대한 두려움 속에서 살아왔고 이제 우리는 그것으로부터 자유로워질 수 있어."

루터의 가르침이 점차 널리 알려지면서 이미 루터와 같은 생각을 갖고 있던 사람들이 루터의 주변에 모여들기 시작했습니다. 어떤 사람들은 루터보다 150년 전에 살았던 존 위클리프라는 잉글랜드 사람의 영향을 이미 받고 있었습니다. 독일 근처에서는 얀 후스가 그로부터 1세기 이후 프라하에서 똑같은 발견을 했습니다. 위클리프와 후스의 추종자들은 루터가 성경의 진리에 굳건하게 서있는 모습을 보면서 힘을 얻었습니다. 그리고 그들 중에는 1520년 2월 10일 '분서식(Bonfire, 학문이나 언론을 탄압할 목적으로 책을 불태우는 일)'에서 루터를 만났던 사람들도 있었습니다.

그들은 교회의 잘못된 가르침이 담긴 여러 책들, 전혀 진리가 아니라고 판단한 책들을 한데 모아서 공개적으로 그 책들을 불태워버렸습니다.

"교회는 우리를 진리에서 멀어지게 해왔습니다." 한

사람이 책들이 불타는 광경을 즐겁게 바라보면서 이웃에게 말했습니다. "그리고 수 년 동안 조용한 변화가 있었습니다. 그러나 이제 곧 겉으로 드러나게 될 겁니다. 저는 오늘밤이 종교 개혁의 과정에서 매우 중요한 발자취를 남겼다고 믿습니다."

"개혁이 뭐예요?" 그의 아들이 물었습니다.

"그것은 변화란다. 아들아." 아버지가 말했습니다.

"교회가 지금까지 가르쳐왔던 잘못된 것들에 더이상 귀를 기울이지 않고 우리가 성경을 올바르게 읽을 때 따라오게 되는 변화란다."

한 권, 또 한 권의 책이 계속 던져지면서 불길이 환하게 타올랐습니다. 그리고 그 빛은 불 가까이 서있던 용감한 사람들의 얼굴을 비췄습니다.

'사람들의 얼굴에 감격이 있어.' 루터는 생각했습니다. '그리고 또한 기쁨도 있어. 연옥의 두려움에서 자유로워지고 천국의 소망을 확신하는 기쁨이 있어.'

 기억하기

 연옥에 대한 믿음은 잘못된 신앙입니다. 사람이 죽으면 천국과 지옥 둘 중에 한 곳으로 갑니다. 죄로부터 정결하게 되기 위해 가는 그런 장소는 없습니다. 모든 죄로부터 우리를 깨끗하게 하는 것은 오직 '예수 그리스도의 피'입니다. 십자가에서의 그분의 죽음은 그를 믿고 사랑하는 모든 사람이 죽을 때 영생을 얻으며 예수 그리스도와 영원히 함께 살 수 있게 됐음을 의미합니다.

생각하기

 성경은 우리가 '행위'에 의해서가 아니라 '믿음'으로 말미암아 구원을 받는다고 말합니다. 마틴 루터는 이 사실을 발견하고 크게 기뻐했습니다. 예수님처럼 완벽하신 분이 우리를 죄에서 자유롭게 하시기 위해 죽으셔야 했다는 사실을 생각해 보세요. 이 점이 여러분들에게 죄에 대해 무엇을 말해주나요? 죄가 얼마나 끔찍한 것인지를 가르쳐줍니다. 천국에 가기에 충분한 착한 일을 하는 것이 죄인인 우리에게 얼마나 불가능한 일인지를 생각해 보세요. 오직 예수님을 믿음으로써 우리는 구원을 받습니다.

 기도하기

사랑하는 하나님, 잘못된 믿음으로부터 저를 보호해 주세요. 하나님께서 성경을 통해 말씀하시는 것을 정확하게 이해할 수 있게 도와주세요. 완전하신 하나님의 아들 주 예수님을 우리에게 보내주시고, 십자가에서 저를 위해 죽어 주셔서 감사합니다. 제가 예수님을 의지할 수 있도록 도와주세요. 예수님의 이름으로 기도드립니다. 아멘.

율리히 쯔빙글리
Ulrich Zwingli(1484~1531, 스위스)
정의를 위해 검을 들다

　쯔빙글리는 사제가 되어 일을 하면서 점점 교황과 교회가 저지르는 죄를 보게 되었습니다. 또한 그 당시 성찬식때 먹고 마시는 떡과 포도주가 진짜 예수님의 살과 피라는 교황의 가르침이 잘못된 것임을 알리게 되었습니다. 마침 마틴 루터의 책을 통해 자신의 생각이 옳다는 것을 발견하고 더욱더 교황과 교회의 잘못된 가르침에 반대하게 되었습니다. 그때 로마 카톨릭의 군대가 쯔빙글리가 있던 취리히를 침범하자 그는 스스로 진리라고 믿는 것을 위해 검을 들고 싸웠고, 그 전투에서 장렬하게 전사했습니다. 당시 친구들은 검을 들고 싸우려는 쯔빙글리를 말렸지만 "그리스도의 진리를 위해 피흘리기를 두려워하지 않겠다"고 말하고 용기있게 전투에 임했습니다.

Ulrich Zwingli

　　　　겨우 5살이었던 율리히는 그의 아버지와 함께 테이블에 앉아 있었습니다. "이 세상에는 쯔빙글리라는 성을 가진 사람들이 수백 명이나 있어요." 율리히가 말했습니다.

　"그래, 내 생각에도 그런 것 같다." 아버지는 크게 웃었습니다. "하지만 쯔빙글리 성을 가진 대부분의 사람들은 이 근처에 산단다. 빌트하우스 주변 지역이 스위스의 쯔빙글리 가(家) 사람들이 사는 구역이야. 그 외의 지역에서는 또 다른 성의 사람들이 살고 있지."

율리히가 갑자기 슬픈 표정을 지었습니다. "제가 꼭 멀리 떨어진 바르텔레미 삼촌 집에 가야하는 건가요?" 그가 물었습니다.

쯔빙글리 씨가 허리를 바로 폈습니다. "그래." 그는 엄중하게 말했습니다. "그렇게 해야 한다. 나중에 자세한 이유를 설명해주마. 아이들이 너무 많은 집에서는 네가 좋은 교육을 받을 기회가 없어. 넌 지혜로우니까 공부를 좋아하게 될거고, 모든 일을 잘 해내리라고 믿는다."

"하지만 형과 여동생들, 그리고 엄마가 무척 보고 싶을 거예요." 율리히가 말했습니다. 그리고는 급하게 덧붙였습니다. "아빠두요."

"학교에 가게 되면, 그리움도 잊혀질 거야. 눈이 녹기 시작하면 널 삼촌 집으로 데려다 줄거다."

율리히는 아버지와 논쟁을 하는 것이 아무 소용없다는 것을 알고 있었습니다. 아버지는 자식들과의 논쟁에서 질만한 그런 사람이 결코 아니었으니까요.

"같이 눈싸움 놀이 할래?" 그 다음날 율리히의 남동

생이 물었습니다. 율리히는 눈이 여전히 두껍게 쌓여 있는 지금 집에서의 남은 시간을 즐겨야 할지 아니면 집을 떠나야한다는 슬픔을 느끼기 시작해야 할지 잘 몰랐습니다. 그러나 결국 남은 시간을 즐겁게 보내기로 마음먹었습니다.

"하는 거다!" 동생이 말했습니다. "눈싸움을 하기에 제일 좋은 눈은 초원에 있어." 소년들은 초원으로 내달렸습니다. 쌓인 눈이 점점 깊어지면서 아이들의 달리는 속도도 점점 느려졌습니다.

"나, 이제 정말 멀리 가야해." 율리히가 그의 동생에게 말했습니다.

4살짜리 동생의 눈이 빛났습니다. "정말 신나겠다!" 동생이 말했습니다. "형은 재미있는 일이 많을 거야. 그리고 나는 이제 침대를 혼자서 쓸 수 있겠네."

"그렇지 않아. 어머니께서 또 임신하신 것 같아." 율리히의 형이 말했습니다.

4월이 되자 눈이 녹기 시작했습니다. 쯔빙글리 부인은 아들의 옷가방과 함께 아들이 머물 집에 있는 친척들에게 줄 선물들을 쌌습니다. 율리히는 짐을 싸는 어머니의 얼굴에서 슬픈 표정을 보았고, 그래서 자기도 울고 싶어졌습니다.

"너는 삼촌을 좋아하게 될 거다." 어머니가 율리히에게 말했습니다. "삼촌은 목사님이시고 친절한 분이란다."

"친절하다구요?" 율리히는 삼촌이 정말 얼마나 친절할까 궁금했습니다. "아마 아버지처럼 나무 몽둥이를 갖고 계시지는 않겠지." 짐 준비가 끝났고 이제 마지막 남은 눈이 다 녹기를 기다렸습니다.

"내일 떠난다." 어느 날 밤 잠자리에 들기 전에 아버지가 율리히에게 말했습니다. "그렇지만…" 율리히가 아버지에게로 고개를 돌리며 말했습니다.

"그렇지만 같은 소리는 하지도 마라." 아버지가 엄하게 대답했습니다.

율리히는 삼촌의 집에서 5년을 같이 살았습니다. 삼촌은 참 좋은 분이셨고 훌륭한 선생님이었습니다. 율리히는 모든 사람들에게 그의 아버지가 옳았다는 것을 증명해 보였습니다. 율리히는 지혜로웠고 공부하는 것을 좋아했습니다. 그는 특별히 음악을 잘했고, 쉽게 전문 연주가가 될 수도 있었습니다.

"제 생각에는 이 아이를 바젤에 있는 학교에 보내는 게 좋을 것 같습니다." 율리히가 10살이 되던 해 바르텔레미 삼촌이 율리히의 아버지에게 말했습니다. 5년 후 바젤에서 학업을 잘 마친 후, 율리히의 선생님은 소년이 베른에서 공부를 계속 할 수 있도록 허락해 줄 것을 율리히의 아버지에게 부탁했습니다. 율리히는 그 때쯤 잠깐 집으로 돌아올 수 있는 기회가 있었습니다.

율리히와 그의 친구들은 나무 썰매를 가지고 아버지의 농장에서 가장 높은 곳에 있는 경사면으로 올라갔습니다. "너희가 먼저 출발해라." 쯔빙글리가 소리쳤습니다. "그리고 내가 너희들의 썰매 자국을 따라갈 수 있을지 한번 해보자."

그 중에서 가장 나이가 어린 소년이 먼저 출발했고, 그 다음 아이가 따라 출발했습니다. 아이들은 언덕 맨 아래쪽에 쌓아놓은 목초 더미에 도착했습니다. "잘 봐

너희 둘!" 율리히는 소리를 지르고는 새로운 출발 기술을 사용했습니다. 그것은 썰매를 나무 기둥에 바짝 붙여 놓고 그 위에 반듯하게 누워서 발로 할 수 있는 최대한의 힘을 들여 나무를 미는 방법이었습니다. 율리히는 마치 새총을 떠난 돌멩이처럼 출발했습니다. "여기 내가 간다!"

아래쪽에 있던 두 아이들은 위를 바라보고 친구의 썰매가 그들을 향해 경사로를 타고 거의 날다시피 내려오는 것을 보았습니다. 아이들은 때맞춰 간신히 그 자리를 피했습니다. 율리히는 썰매가 너무 빨리 움직이는 바람에 제대로 멈출 수가 없었습니다. 대신 그는 친구들의 나무 썰매를 들이받고, 자기도 썰매에서 떨어져서 저만치 앞쪽에 떨어졌습니다. 하지만 그때에도 율리히는 스스로 멈출 수 없었고 계속 언덕 경사로를 미끄러져 내려갔습니다. 마침내 썰매가 멈추고 율리히가 친구들에게로 기어서 올라왔을 때 그의 눈은 신이 나고 즐거워서 빛이 났지만, 코에서는 코피가 줄줄 흐르고 있었습니다. "이런 걸 썰매타기라고 하는 거야."

두 친구들 중 큰 아이가 율리히를 빤히 쳐다보면서 말했습니다. "그걸 멍청한 짓이라고 하는 거지."

"이게 무슨 난리냐." 쯔빙글리 부인이 피가 묻은 얼굴로 집에 돌아온 아들에게 말했습니다. "공부한다며 나가 있는 동안 늘 이런 식으로 놀았던 거냐?"

율리히는 그동안 해왔던 짓궂은 장난과 스스로 만들곤 했던 곤란한 일들, 그리고 이겼던 싸움들에 대해서 생각하면서 눈을 깜빡였습니다. 지난 수년 동안 코피가 나는 일들이 여러 번 있었지만, 그 피가 늘 율리히의 코에서만 흘러내린 것은 아니었습니다.

"이제 비엔나에 있는 대학에 가야하니까 좀더 어른스럽게 행동해야한다." 그 날 밤 율리히는 자기 일기에 이렇게 적었습니다. "1498년, 나는 이제 어린 아이처럼 굴지 말고 좀더 어른스럽게 행동해야만 한다."

1506년에 쯔빙글리는 그의 고향인 스위스로 돌아와 사제로 일했습니다. 수년 동안 조용하게 일했지만, 그러는 동안 당시 교회에서 진리와 거리가 먼 일들이 일어나고 있다는 것을 점차 알게 되었습니다. "우리는 교회보다 그리스도를 더 믿고 의지해야합니다." 쯔빙글리는 그의 설교를 듣는 사람들에게 말했습니다. "교회는 죄가 있는 사람들로 구성된 것이고, 그래서 실수를 할 수 있으며, 지금도 잘못을 저지르고 있습니다. 하지만 그리스도는 죄가 없으신 하나님의 아들입니다."

"자네 몹시 지쳐 보이네." 친구들이 종종 쯔빙글리에게 말했습니다. "그리고 눈 밑이 늘 처져 있어. 나는 자네가 왜 그렇게 많은 공부를 해야만 하는지 모르겠네. 결국 자네는 대학을 두 군데나 다니지 않았나."

율리히가 웃으면서 대답했습니다. "공부를 하는 이유는 내가 공부를 좋아하고 또 공부를 할 필요가 있기 때문이지. 나는 헬라어를 배워서 신약성경을 원어 그대로 직접 공부하고 싶다네." 율리히가 설명했습니다.

"하지만 그것이 자네에게 별로 도움이 될 것 같지 않네. 성경을 공부하면 할수록 자네는 더 혼란스러워지는 것 같아." 친구가 지적했습니다.

"요즘은 무슨 생각을 하고 있어?" 쯔빙글리가 뭔가 말하고 싶어 한다는 것을 알고는 친구가 이렇게 물었습니다.

"예배에 대해서 생각 중이야." 쯔빙글리가 말을 시작했습니다. "교회는 미사에서 빵과 포도주가 실제 예수님의 몸과 피가 된다고 우리에게 가르쳤어. 즉 우리가 주님의 실제 살 조각을 먹고 실제 피의 일부를 마신다고 말이야. 이건 정말 해괴한 가르침이야."

"내게도 이상하긴 마찬가지야." 쯔빙글리의 친구가 말했습니다. "계속 말해 보게."

"빵과 포도주는 단지 예수님의 몸과 피의 상징일 뿐이야. 그렇지 않다면 우리는 식인종이 되는 거라구! 이 생각이 나를 골치 아프게 만들어."

"이런 주제는 정말 위험하네." 그의 친구가 말했습니다. "이런 대화를 할 때는 정말 조심해야 할 걸세."

"마틴 루터에 대해 들어봤어?" 1519년 한 친구가 쯔빙글리에게 물었습니다.

"아니." 율리히가 대답했습니다. "그게 누구야? 내

가 알아야하는 사람인가?"

"이걸 읽어봐." 쯔빙글리의 친구가 루터의 책을 건네주면서 말했습니다. 그날 밤 쯔빙글리는 초가 다 타 내려갈 때까지 루터의 책을 읽었고, 그래서 다른 초를 켜고 또 다른 초를 켜야만 했습니다. "이 책은 내 생각을 그대로 받아 적은 것 같이 느껴져." 쯔빙글리는 스스로에게 말했습니다. 세 번째 초가 다 탔을 때 쯔빙글리도 너무 지쳐 네 번째 초를 밝히고 책을 더 읽을 힘이 없었습니다. "루터는 나보다 더 용감한 사람이야. 좀 더 자세하고 진지하게 이 주제에 대해 생각을 해봐야겠어." 몸이 매우 지쳤음에도

> 알아두기

책(Book)

책은 매우 위대한 발명품입니다. 우리가 아는 모든 것들과 인류의 모든 사상과 아이디어가 책에 담겨있습니다.

이집트인들은 기원전 2천 5백년 파피루스(Papyrus)라고 불리는 식물로 만들어진 종이에 책을 썼습니다. 이 책들은 읽지 않을 때는 둥글게 말아서 막대처럼 보관할 수 있는 길쭉한 종이 형태로 만들어졌습니다.

우리가 알고 있는 책의 모양을 처음 만든 것은 로마인들입니다. 그러나 그들도 양피지에 손으로 책을 썼습니다. 15세기에 인쇄술이 개발된 후에야 두 권 이상의 책을 한번에 만들 수 있었습니다.

불구하고 그 날 밤 율리히는 한 잠도 잘 수 없었습니다.

 다음날 아침 쯔빙글리는 아침 식사를 하기도 전에 루터의 책을 다시 읽기 시작했고, 오후 늦게서야 책읽기를 마쳤습니다. 그의 마음이 소용돌이 쳤습니다. "이 책을 건터에게 주어서 읽으라고 한 다음 함께 이야기를 나누어야겠어."
 일주일이 지난 후 두 사람은 율리히의 집에서 장작불 앞에 모여 앉았습니다. 그들은 루터의 책을 갖고 있었고 앞에 놓인 테이블에는 성경이 놓여 있었습니다. "어떻게 생각해?" 쯔빙글리가 물었습니다.
 그의 친구는 심각해 보였습니다. "루터가 맞아." 그가 말했습니다. "교회가 혼동에 빠져있어. 추기경들과 대주교들도 자기 권력에만 신경을 쓰고 있고, 그들 중 상당수가 부도덕한 삶을 살고 있지. 교황은 면죄부를 팔고 있고, 사람들에게 천국에 가려면 교회에 헌금만 하면 된다고 거짓말을 하고 있어."
 "문제는 말이야... 우리가 지금처럼 가만히 있어야

하는가, 아니면 루터가 그랬던 것처럼 자리에서 일어나 개혁자로 나서야하는가 일세." 율리히가 말했습니다.

쯔빙글리는 머리를 흔들었습니다. 그 후 3년 동안 그는 뚜렷한 결정을 내리지는 못했지만 점점 더 자주 교회의 가르침과 반대되는 설교를 하고 있는 자신의 모습을 발견하게 됐습니다.

1522년 5월, 율리히는 자리에 앉아 대학 친구에게 편지를 썼습니다. "내가 네게 하는 말을 믿기는 어려울 거야." 율리히는 이렇게 편지를 시작했습니다. "하지만 나는 그것이 사실이라고 네게 약속할 수 있어. 너도 알다시피 교회는 우리가 부활절 전 4주 동안 고기 대신 생선을 먹어야 한다고 가르치고 있지. 그런데 몇몇 친구들과 내가 어떤 인쇄업자의 집에서 모임을 갖고 있을 때였어. 우리는 신약성경의 인쇄 작업을 하고 있었지. 작업이 몇 주 동안 밤과 낮으로 계속돼서 일하는 사람들이 몹시 지치고 또 배도 고팠지. 인쇄업자의 아내가 생선이 너무 비싸 약간의 소시지를 가져왔네. 그녀가 소시지가 담긴 접시를 갖고 들어왔는데… 그런데 그 소시지 향이 얼마나 맛있게 나든지! 내 입에 군침이 고였다네. 하지만 결론부터 이야기하자면 나는 한 조각도 입에 대지 않았지. 그러나 그곳에 함께 있던 사람들은 그 소시지를 먹었고, 그래서 교회의 가르침을 어겼다네. 비록 나는 소시지 고기를 먹지 않았지만, 이 일에 대해 곰곰이 생각해보다가 성경에 고기 대신 생선을 먹으라고 가르친 부분이 전혀 없다는 점을 확인했고, 그래서 내가 섬기는 교회의 성도들에게 그렇게 말을 했지.

그래서 무슨 일이 일어났는지 아마 자네는 믿기 힘들 걸세. 소시지를 먹은 사람들에게 벌금이 부과됐고 그들 중 일부는 감옥에 갇혔네. 이 일이 일어난 후에 나는 더 이상 교회에 대해 참을 수가 없게 되었네. 루터의 책들을 읽은 이후 나는 정말 그의 용기를 존경하게 됐어. 이제 교황과 갈라서는 것 밖에는 다른 선택은 없네."

"우리의 상황은 루터가 처했던 것과는 매우 다릅니다." 그 다음해 가을, 쯔빙글리가 친구들과 함께 토론

하는 자리에서 말했습니다. "우리 시의회는 우리가 교회의 가르침보다 그리스도의 복음을 전하는 것을 기뻐하고 있습니다. 우리는 이 점에 대해 정말 감사해야 할 겁니다."

"그리고 혹시 소식 들으셨습니까?" 토론 참석자 중 한 사람이 말했습니다. "의회는 교회의 모든 우상들과 예수님의 십자가로부터 만들어졌다고 주장하는 모든 나무 조각들과 성자들의 뼈로 만들어졌다는 뼈 조각들을 모두 없애라고 했답니다. 오르간도 없애야겠지요. 하지만 시의회는 이 모든 일이 질서 있고 아무 혼동 없이 진행돼야 한다고 했습니다."

쯔빙글리는 이마를 닦았습니다. "정말 믿을 수 없는 일이군요!" 그가 말했습니다. "스위스에서의 교회 개혁은 평화롭게 진행되려는 것 같습니다."

스위스의 모든 사람들이 쯔빙글리 및 그의 동료 개혁자들과 의견을 같이 했던 것은 아닙니다. 일부 지역에서는 교회 개혁이 지속되는 동안에도, 오히려 더욱 로마 카톨릭교회에 밀접해지는듯 했습니다. 처음에는 로마 카톨릭과 개신교 프로테스탄트(카톨릭의 가르침에 반대하는 주장을 펼쳤던 사람들) 사이에 단순히 우발적이고 사소한 충돌만이 있었지만, 오래지 않아 상황은 더욱 심각해졌습니다. 카톨릭의 군대가 소집되었고, 개신교도들 또한 군인들을 모았습니다. 평화 조약이 체결되기는 했지만 곧 깨지고 말았습니다.

"이제 어쩌면 좋겠습니까?" 이 문제에 대해 의견을 나누려고 만난 쯔빙글리의 친구들이 그에게 물었습니다.

율리히는 이런 질문을 듣고 놀란 듯한 표정이었습니다. "무슨 뜻입니까? 우리는 검을 모아들고 나가서 진리를 위해 싸울 것입니다!"

방안에 침묵이 흘렀습니다. "그렇게 하는 것이 옳은 일일까요?" 누군가가 물었습니다.

숨을 깊이 들이마시고 쯔빙글리가 말하기 시작했습니다. "정의와 불의가 지금 여기에 있고, 우리는 정의의 편에 섰습니다. 로마 교회는 그들의 군대를 모았고 이제 진군할 준비를 끝냈습니다. 제가 무슨 말을 하는지 듣고 계십니까?" 쯔빙글리가 주장했습니다. "그들은 이곳으로 쳐들어올 준비를 하고 있습니다. 개신교도들이 있는 지역에 쳐들어와서 우리를 억압할 것입니다. 우리는 지금까지 함께 예배를 드려왔습니다. 그들은 우리의 예배를 다시 미사로 바꿔버릴 것입니다. 그들은 사람들에게 예수님의 진짜 살과 피를 먹고 마시고 있음을 믿으라고 할 것입니다. 이에 맞서 싸우지 않으렵니까?" 방안이 무척 조용해졌습니다.

쯔빙글리는 잠시 기다렸다가 말을 이어갔습니다. "교황은 가난한 사람들에게 면죄부를 강제적으로 팔 겁니다. 추기경들과 대주교들은 그들이 잃어버렸던 권력을 되찾게 되고, 우리의 백성들은 다시 한번 노예로 전락하게 될 것입니다. 교회의 노예요, 미신의 노예요, 그리고 두려움의 노예입니다. 이런 일이 다시 일어나도록 놔두시렵니까? 정의를 위해 여러분의 검을 집어 들지 않으시렵니까?"

"당신은 죽임을 당하게 될 겁니다." 누군가가 말했습니다. 쯔빙글리의 눈이 빛났습니다. "저는 눈 위에서 썰매를 타며 코피를 흘렸습니다. 어렸을 때는 단순한 논쟁으로 인한 싸움 때문에 피를 흘리기도 했습니다. 그런 제가 그리스도의 진리를 위해 피 흘리기를 두려워하리라 생각하십니까?"

1531년 10월 로마 카톨릭의 군대가 프로테스탄트 지역이었던 취리히를 침범했습니다. 쯔빙글리는 자신의 말을 지켰고 방위군에 소속돼 침입군에 맞서 싸웠습니다. 그는 스스로 진리라고 믿는 것을 위해 싸웠고 그러다가 죽임을 당했습니다. 그러나 율리히의 죽음은 헛되지 않아 스위스는 종교개혁에서 매우 중요한 역할을 계속하게 되었습니다. 그의 친구들 중에는 그가 전투에 나가지 말고, 예수 그리스도의 기쁜 소식을 전할 수 있는 평화로운 방법을 찾았어야했다고 생각하는 사람들도 있었습니다. 하지만 쯔빙글리의 친구들은 모두 그가 '하나님을 위해 담대한 일을 하자!'는 자신의 좌우명대로 살다가 용기있게 죽었음을 인정해야 했습니다.

기억하기

그리스도인들은 성찬식을 할 때 빵과 포도주를 먹고

마시면서 예수님께서 십자가에서 행하신 일을 기억합니다. 빵과 포도주는 하나의 상징입니다. 실제로 그 빵과 포도주에 무슨 변화가 생기는 것은 아닙니다. 가장 중요한 일은 이미 일어났습니다. 예수 그리스도께서 우리를 죄에서 구하기 위해 죽으셨고 영광스럽게 부활하신 것입니다.

 생각하기

교회는 죄를 짓는 사람들로 이루어져 있습니다. 그리스도인이 되면 죄를 용서받지만, 사람은 여전히 죄를 짓습니다. 그리스도를 사랑하고 믿는 것은 그들의 삶과 마음속에서 하나님의 역사가 이제 막 시작된 것입니다. 그리스도인들은 자신들이 저지르는 죄를 미워하지만, 죽어서 천국에 갈 때까지 죄로부터 완전히 자유롭지는 않습니다. 여러분은 죄를 미워하시나요? 예수님을 더 사랑하고 싶은가요? 이런 생각들은 여러분이 진정한 그리스도인이 되었고, 주 예수 그리스도를 따르는 사람이 되었다는 증거입니다.

📿 기도하기

하나님 아버지, 주님께서 제게 주신 모든 것에 감사를 드립니다. 당신의 말씀인 성경과 그 말씀을 읽을 수 있는 은혜를 베푸신 것도 감사드립니다. 주님의 말씀을 통해 하나님께서 그 죄로부터 얼마나 저를 구해내시기를 원하시는지 깨닫게 해주셔서 감사합니다. 예수님의 이름으로 기도드립니다. 아멘.

윌리엄 틴데일
William Tyndale(1494~1536, 영국)
영어성경 번역으로 화형을 당하다

어렸을 때부터 궁금한 게 많았던 틴데일은 성장하면서 왜 사람들이 알아듣지도 못하는 라틴어로 미사를 드리는지 이해할 수 없었습니다. 그건 사람들이 성경을 읽으면 교황의 권위가 약해질 것을 두려워했기 때문이란 것을 알게 되었습니다. 그래서 그는 독일로 피신을 가서 영어로 신약성경을 다 번역해서 일반 성도들이 말씀을 읽을 수 있도록 했습니다. 그러나 영어로 된 성경을 허락하지 않는 영국 국왕에 의해 높은 장대에 매달려 교수형을 당하고 다시 화형을 당했습니다. 그는 "주여, 영국 왕의 눈을 열어주소서"라고 기도하며 눈을 감았습니다.

William Tyndale

　　　　윌리엄은 어머니가 버터를 만들 때 나는 소리를 무척 좋아했습니다. 어머니는 나무로 만든 교유기(버터를 만드는 기계) 옆에 앉으셔서 손잡이를 계속 빙글빙글 돌리셨습니다. 작은 소년에게 어머니가 교유기를 돌리는 시간은 매우 길게 느껴졌습니다.

　우선 교유기 안에서 나무주걱이 돌아갈 때마다 우유가 철퍼덕 소리를 내며 튀어 올랐습니다. 그리고 그 소리는 점점 꾸룩꾸룩 하는 소리로 바뀌어 갔습니다.

　"우유가 점점 걸쭉해지는 거란다." 윌리엄의 어머니

가 설명했습니다. 그리고 윌리엄은 총명했기 때문에 그것을 결코 잊어버리지 않았습니다. 꾸룩꾸룩 하는 소리가 점점 느려지면서 윌리엄의 입에는 군침이 돌았습니다. 그리고 갑자기, 꾸룩 소리가 완전히 멈췄고, 조용하게 '쩍' 하는 소리가 났습니다. 윌리엄은 정확히 어떤 일이 벌어진 것인지 알고 있었습니다. 우유가 버터와 어머니께서 빵을 구울 때 사용하시곤 하는 젖빛 물로 분리된 것입니다. 어머니는 이 젖빛 물을 버터 우유라고 불렀습니다.

"해도 될까요?" 어머니에게 씩 웃으면서 윌리엄이 물었습니다. 그녀는 아들이 원하는 것을 정확하게 알았고, 교유기를 열어서 윌리엄이 자기 손가락으로 새로 만든 버터를 맛볼 수 있게 했습니다. "정말 맛이 좋아요." 그가 입술을 핥으면서 말했습니다. "우리 집 젖소에서 나온 우유로 글로스터셔에서 가장 좋은 버터를 만들 수 있어요."

틴데일 부인은 버터를 깔끔한 덩어리로 분리한 후, 남아있는 버터 우유를 쏟아내어 빵굽기를 시작하셨습니다. 윌리엄은 앉아서 어머니가 하시는 일을 바라보

앉습니다.

"나가서 형들과 함께 놀고 싶지 않니?" 그의 어머니가 물었습니다.

"아니요." 윌리엄이 말했습니다. "저는 여기서 어머니 하시는 일을 구경하면서 궁금한 것들을 물어 보는 게 더 좋아요."

"너처럼 질문하기 좋아하는 아이는 처음 본다." 어머니가 웃었습니다. "늘 내가 충분한 대답을 줄 수 있는 건 아니지만 말이야. 오늘은 무엇을 알고 싶니?"

얼굴을 찡그리면 마음속으로 질문이 떠오르기라도 하는 듯, 윌리엄은 얼굴을 약간 찡그렸고, 정말 질문 하나가 갑자기 생각났습니다.

"올해가 주후(A.D.) 1502년이에요. 왜 사람들은 주후(A.D. 主後)라는 말을 쓰는 것일까요?"

틴데일 부인은 아들의 질문들에 적응이 돼 있었고 인내심을 가지고 대답을 해 주었습니다. "그것은 우리가 주 예수 그리스도께서 태어나신 해를 기준으로 연도를 계산하기 때문이란다."

"누가 그렇게 하자고 결정한 거예요?"

"아주 오래 전에 교회의 높은 분들이 그렇게 하셨지."

"어떤 높은 사람들이요?"

질문이 점점 어려워졌습니다. "교황과 그의 주교와 대주교들이란다." 윌리엄의 어머니가 설명했습니다.

"글로스터셔에 있는 주교들도 그 결정을 할 때 그곳에 있었나요?" 소년이 물었습니다. 틴데일 부인은 A.D.의 개념이 처음 생길 당시 글로스터셔의 주교들은 아직 태어나기도 전이었다고 설명해주었습니다. 이야기를 나누는 동안 틴데일 부인은 빵 반죽을 만들었고, 부풀어 오를 수 있도록 따뜻한 곳에 놓을 준비를 마쳤습니다. 그녀는 잠시 쉬기 위해 자리에 앉았습니다.

"왜 주교님들과 신부님들은 교회에서 라틴어를 사용하는 거예요?" 아들이 물었습니다. "저는 그분들이 말씀하시는 것을 아주 조금 밖에는 이해할 수가 없어요."

그의 어머니가 웃음을 지었습니다. "그렇다면 네가 나보다 더 잘 이해하겠구나." 그녀가 말했습니다. "너는 정말 다른 언어들에 재능이 있는 것 같다."

윌리엄이 씩 웃었습니다. "저는 프랑스어도 약간 알아요. 슬림브리지에 왔던 프랑스 군인이 제게 프랑스어를 조금 가르쳐줬어요."

"그래 나도 기억한단다. 하지만 너랑 같이 여기 앉아 있다가는 일을 마칠 수가 없겠구나. 밖에 나가서 형제들과 같이 놀도록 하렴." 틴데일 부인이 말했습니다.

"한 가지만 더 질문할게요." 윌리엄의 어머니는 고개를 끄덕였습니다. "교회에서 왜 우리말을 사용하지 않고 라틴어를 쓰는 거예요?"

"원래부터 그렇게 해왔단다." 인내심이 많은 어머니가 설명했습니다. "물론 우리가 교회 미사에서 어떤 말을 하고 있는지 알아듣는다면 미사를 드리는 일이 모두에게 더 쉽겠지만 말이다."

윌리엄이 나이가 들면 들수록 어머니에게 하는 질문들도 점점 더 어려워졌습니다. 그의 아버지조차도 윌리엄의 질문 중 어떤 것은 대답하기가 어려웠습니다.

윌리엄의 형들인 에드워드와 존은 때때로 윌리엄이 한 질문에 대한 해답을 모두 알게 되면 머리가 터져 버릴 것이라고 놀리곤 했습니다. 성장하면서 윌리엄이 던지는 질문들은 변했지만, 그를 만족시킬 만한 대답을 찾지 못한 질문이 한 가지 있었습니다.

"우리말로 된 성경을 갖고 있으면 스스로 성경을 읽을 수 있는데, 왜 우리는 설교자들이 하는 말을 그대로 믿기만 해야 하는 거예요?"

"쉬잇!" 아버지가 윌리엄을 조용히 시켰습니다. "그런 말을 하면 누가 엿들을 수도 있단다. 이런 의견을 나눌 때는, 누구도 전혀 엿들을 수 없는 들판으로 나가서 이야기를 해야 한다고 내가 몇 번이나 말했지 않니?"

윌리엄은 15살쯤 됐고 옥스퍼드대학에 막 들어가려던 참이었습니다. "그러면 잠깐 산책 좀 하실래요, 아버지? 저에게는 대화가 필요해요."

가을 공기가 몹시 차가웠기 때문에 두 사람은 외투를 입고 밖으로 나왔습니다. 그리고 걸으면서 이야기를 하기 시작했습니다.

"왜 영어로 된 성경은 없지요?"

그들의 이야기를 들을만한 거리 내에 아무도 없다는 사실을 확인하고 윌리엄이 물었습니다.

"한 때 있었단다." 그의 아버지가 설명해주셨습니다. "약 백년 전에 존 위클리프라는 사람이 성경을 라틴어에서 영어로 번역했지. 하지만 사람들이 모국어로 된 성경책을 갖게 되면 교회가 더 이상 교인들에게 힘을 가질 수 없을 것이라고 생각한 주교들은 영어 성경을 좋아하지 않았단다."

"위클리프의 영어 성경을 보신 적이 있으신가요?"

"없단다. 손으로 성경을 한 권 쓰는데 수백 시간이 걸렸지만, 교회는 번역본이 발견되기만 하면 무조건 불 태워 없애 버렸기 때문이지."

"뭐라구요!" 윌리엄은 그 말을 듣고 분개했습니다. "어떻게 그런 일을 할 수가 있어요!"

"목소리를 낮추어라." 그의 아버지가 말했습니다. "그리고 제발 부탁이니 대학에 들어가면 말하는 것을 조심해라. 이런 내용에 대한 이야기를 하다가 화형을 당한 사람들도 있단다."

윌리엄은 옥스퍼드대학에 다니는 동안 그리스도인이 된다는 것이 무엇을 의미하는지를 스스로 발견하게 됐습니다. 그 당시로서는 쉬운 일이 아니었습니다. 학업을 마친 후에 그는 한 가정의 지도 신부가 되었고, 그 집의 두 아들을 가르치기도 했습니다. 생계를 위해서 그 일을 하는 동안, 그는 자신의 삶에서 그 보다 흥미로운 일을 해야겠다고 결심했습니다. 그리고 그것은 더욱 위험한 일이기도 했습니다.

윌리엄 틴데일은 성경을 영어로 번역하기로 마음먹었습니다. 그리고 교회가 사용하는 라틴어 성경을 사용해서 번역하는 대신, 그는 최초의 헬라어와 히브리어 성서를 이용해서 번역 작업을 해야겠다고 결심했습니다. '어머니는 항상 내가 언어에 소질이 있다고 말씀하셨지. 이제 정말 그렇게 돼야 해!' 그가 생각했습니다.

"정말 끔찍한 일이야." 한 친구가 틴데일에게 얼마 후 말했습니다. "하지만 자네가 성경을 영어로 번역하는 일을 정말 진지하게 검토하고 있다면, 그 일을 하기 위해서 외국으로 나가야 할 거야. 여기에 있으면서 그 일을 하는 동안에 발각되면 죽임을 당할 거야."

"자네 정말 그렇게 생각하나?"

"오늘 아침 마부가 전해 온 소식을 듣지 못했나? 자기 자식들에게 주기도문과 십계명, 그리고 사도신경을 영어로 가르쳤다는 이유로 7명의 사람들이 나무에 묶여 화형을 당했다고 하네."

"그렇다면 독일로 가는 수밖에 없겠네. 분명히 그곳에서는 이 일을 할 수 있는 평화를 얻을 수 있을 거야."

"그리고 자네가 그곳에서 번역을 하고 있는 동안, 이곳 잉글랜드에서는 그 번역이 마치는 때 하나님의 말씀이 이곳 잉글랜드에서도 영어로 읽혀질 수 있게 되기를 많은 사람들이 기도할 걸세."

1525년 즈음 틴데일은 신약 성경 전체를 번역했습니다. 그는 잉글랜드에 있는 그의 친구에게 이 기쁜 소식을 말하기 위해 편지를 썼습니다. 그 편지가 무슨 내용인지를 아무도 알지 못하게 하기 위해 틴데일은 독일로 떠나기 전에 친구와 함께 만들었던 암호를 사용했습니다.

"제 말을 들어보십시오." 틴데일의 친구가 기도하기 위해 모인 몇몇 그리스도인들에게 말했습니다. "몇 달 안에 첫 번역본이 이곳에 도착할 것이라고 윌리엄이 말했습니다. 정말 대단하지 않습니까? 활자 인쇄술의 발명이 이런 변화를 일으켰습니다. 즉, 모든 것을 손으로 직접 써야했던 위클리프 때와는 달리 모든 성경 번역본이 빠르게 만들어질 수 있다는 것을 의미합니다."

"하지만 그것을 어떻게 배포할 수 있을까요?" 어떤 사람이 물었습니다.

"그리스도인이 그리스도인

알아두기

인쇄술

인쇄술은 잉크가 묻어있는 패턴을 피륙(옷감이 될만한 천)이나 금속에 찍어 넣음으로써 여러 권의 복사본을 만들어내는 방법입니다. 가장 오래 된 인쇄 방식은 활판 인쇄입니다. 이 방법은 기원후 770년 일본에서 사용됐습니다. 활판 인쇄술의 특징은 금속 활자들이 왼쪽에서 오른쪽으로가 아닌 오른쪽에서 왼쪽으로 읽을 수 있도록 거꾸로 배치되어야 한다는 것입니다. 이 것은 페이지가 인쇄되었을 때, 글자들이 종이에 올바른 방식으로 찍혀 나오게 하기 위해서 입니다. 1438년 유럽에서 이러한 방식을 이용해 인쇄에 성공한 최초의 사람은 바로 요하네스 구텐베르그였습니다.

에게 직접 전달해야합니다. 교회가 이 사실을 알면 번역본을 발견하는 대로 모두 태워버릴 것이기 때문입니다."

그러나 잉글랜드의 교회 당국은 무슨 일이 벌어지고 있는지를 눈치 챘고, 사람들을 유럽 각국으로 보내 틴데일을 찾도록 했습니다. 그들은 이 나라에서 저 나라로 여행하면서 그들이 찾을 수 있는 모든 개신교 관련 서적들을 있는 대로 구입해서 다 불태워버렸습니다! 잉글랜드의 왕은 또한 틴데일을 찾기 위해 스파이까지 보냈습니다. 그들은 틴데일을 찾았지만 함께 잉글랜드로 돌아가자고 틴데일을 설득할 수는 없었습니다.

"내가 왜 당신들과 함께 돌아가야 하는지 한번 설명해보시오." 틴데일이 그들에게 요구했습니다.

"잉글랜드인으로서 왕의 명령에 복종하는 것은 당신의 의무요." 그들은 이렇게 말했습니다.

"그러면 하나님의 말씀을 사람들이 스스로 읽을 수 있도록 자국어로 번역해 주었다는 이유로 나를 재판하고 사형에 처하는 것은 잉글랜드 법원의 의무입니까?" 틴데일이 물었습니다.

"왜 당신이 죽게 될 것이라고 생각합니까?" 왕이 보낸 스파이 중 한 사람이 물었습니다.

틴데일이 깊은 한숨을 쉬었습니다. "내가 번역한 신약 성경들이 공개적으로 불태워졌다는 사실을 내가 모를 줄 아시오? 로마 카톨릭교회가 아니라 주 예수님을 믿는다는 이유로 사람들을 기둥에 묶고, 주위에 장작을 올려 불태워 죽이고 있다는 사실을 내가 모르고 있다고 생각하시오? 내가 잉글랜드에 없기 때문에 지금 그곳에 있는 하나님의 자녀들에게 어떤 일이 벌어지고 있는지를 내가 정말 모른다고 생각하시오?"

왕의 스파이들은 결국 포기하고 틴데일의 집을 떠나면서 서로에게 이야기했습니다. "어디서 정보를 얻고 있는지 정말 모르겠어. 하지만 틴데일은 고국에서 일어나고 있는 일들을 너무나 잘 알고 있잖아!"

1529년까지 틴데일은 구약 성경의 몇 권을 히브리어에서 영어로 번역했지만 난파 사고로 모든 원고를 잃어버렸습니다. 하지만 그 다음 해에 이를 대체할 수 있는 번역물이 그를 돕는 마일즈 코버데일의 도움으로 만들어졌고 잉글랜드로 몰래 숨겨 들어가게 됐습니다.

"내가 하나님의 말씀을 듣고 직접 읽을 수 있다니 정말 믿어지지가 않아." 새로 그리스도인이 된 한 사람이 말했습니다. "여기를 봐. 이렇게 말씀하시는군. '너희는 살인하지 말라.' 성경에서 '너희는 살인하지 말라'고 하시는데 어떻게 교회가 그리스도인들을 죽일 수 있는지 이해할 수 없어."

"당신의 생명이 위험하게 되리라는 사실을 알고 있지요?" 나이가 많은 한 그리스도인 남자가 말했습니다.
"계획을 실행하다가 붙잡히게 되면 가차 없이 죽임을 당하게 될 겁니다."

열정으로 빛나는 눈빛으로, 젊은 그리스도인은 머리를 흔들었습니다. "저는 선원입니다." 그가 말했습니다. "그리고 제가 탄 배는 1년에 몇 차례씩이나 해협을 건넜습니다. 저는 틴데일의 번역물을 잉글랜드로 몰래 들여보내는 일에 제 목숨을 걸 준비가 되어 있습니다. 제가 잃을 것이 무엇이 있습니까? 죽게 된다면 천국에 가겠지요."

다음 번 항해에서 그 젊은이의 배가 그 당시 틴데일이 살고 있던 앤트워프에 정박했을 때, 어느 날 밤 한 그림자가 망토 아래에 커다란 꾸러미를 숨겨서 그에게 접근했습니다. 암호를 주고받은 후, 다른 아무 말 없이 그 사람은 선원을 따라 보트에 올랐고, 배 밑 창고로 들어갔습니다. 한밤중이었고, 배 안의 거의 모든 사람들이 여행에 지쳐 곤히 잠든 시간이었습니다. 속삭이는 소리 밖에 들을 수 없었지만, 젊은이는 그 목소리만으로도 이 사람이 영어 성경을 전달하는 단순한 전달자가 아니라 바로 윌리엄 틴데일 본인이라는 사실을 확신할 수 있었습니다. 틴데일은 하나님의 말씀을 번역하는 것만으로 만족할 수 없었습니다. 그는 영어 성경을 잉글랜드로 옮기기 위해 할 수 있는 모든 일을 직접 하기를 원했습니다.

짐을 안전하게 싣고 난 후 두 사람은 배 밖으로 살며시 나왔습니다. 헤어지기 전 틴데일은 그의 팔을 젊은이의 어깨 위에 올리고, 그의 안전과 이 귀한 짐이 무사하게 전달될 수 있기를 간절히 기도했습니다.

그날 밤 잠자리에 들면서 윌리엄은 배에 다녀왔던 일을 생각하면서 큰 소리로 웃기 시작했습니다. "우리의 언어로 된 하나님의 말씀이라! 어머니께서 부엌에서 내게 해주셨던 말씀이 생각나… 어머니는 라틴어를 한마디도 이해하실 수 없었지. 이제 어머니 같은 여자들도 하나님의 말씀을 모국어로 들을 수 있게 됐어! 또 그들은 자녀들에게도 성경 이야기를 들려줄 수 있게 될 거야. 버터를 만들면서도 말이야."

"만나 주셔서 감사합니다." 헨리 필립스가 1535년 틴데일을 처음 만나 말했습니다. "당신의 얼굴을 직접 뵙게 되기까지 참 오랜 시간이 걸렸습니다."

"조심해야 합니다." 윌리엄이 대답했습니다. "제가 살아있는 것보다는 죽는 것을 더 원하는 사람들이 있습니다."

필립스는 생각만으로도 충격적인 척 했습니다.

"무슨 도움이 필요하십니까?"

방문객은 곤궁에 처한 그리스도인이라며 거짓말을

쏟아 놓았습니다. 하지만 이 사람은 스파이였고, 매우 간교한 사람이었습니다. 윌리엄은 앞에 놓여있던 덫에 걸리고 말았습니다. 틴데일은 체포됐고 감옥에 1년이 넘게 갇혀 있었습니다.

감방 안에서 틴데일은 정부에 그의 소유물들을 가져다 줄 것을 요청하는 편지를 썼습니다. 날씨가 매우 추웠고, 틴데일은 몸을 녹이기 위해 코트와 모자, 그리고 털 셔츠를 요구했습니다. 하지만 그 중에서도 가장 원했던 것은 번역 작업을 계속할 수 있는 양초와 그의 히브리어 성경, 문법책과 사전이었습니다.

결국 그는 재판을 받았고, 로마 카톨릭교회의 가르침에 위배된 내용을 유포한 이단자라는 죄명을 받게 됐습니다. 그 후 몇 주 동안 감옥과 교회 당국은 윌리엄이 자기의 신념을 굽히고 교회의 가르침을 받아들이도록 만들려고 했습니다. 하지만 그들은 비참한 실패를 경험했을 뿐입니다.

1536년 10월 틴데일은 감옥 방에서 나와 교수형에 처해졌습니다. 그의 시신은 땅에 묻히지 않고 공개적으로 불태워졌습니다.

죽기 직전, 윌리엄 틴데일은 기도했습니다. "주님, 잉글랜드 왕의 눈을 열어 주소서."

윌리엄은 살아서 그것을 보지 못했지만, 하나님께서는 그의 기도에 응답해 주셨습니다. 그의 죽음 얼마 후 왕은 잉글랜드의 모든 교회에 영어 성경을 비치하도록 명령하였고, 평범한 사람들도 스스로 성경을 읽을 수 있도록 장려했습니다. 윌리엄의 기도가 응답된 것입니다.

 기억하기

윌리엄 틴데일은 어렸을 때, 왜 성경이 영어로 번역되어 있지 않은지 알고 싶었습니다. 아직도 지구상에는 자기의 언어로 된 성경을 갖지 못한 종족들이 많이 있습니다. 위클리프 성경 번역가들은 성경을 모든 종족과 나라의 언어로 번역하기 위해 지금도 열심히 일하고 있습니다.

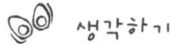 생각하기

 성경을 보통 사람들이 이해할 수 있는 언어로 만들기 위해 많은 사람들이 자신의 생명을 걸었습니다. 그들은 하나님의 말씀을 인쇄하고 전달하기 위해 자신들의 목숨을 기꺼이 바쳤습니다.
 어떤 나라들에 있는 그리스도인들은 아직도 하나님의 말씀을 친구와 이웃들에게 전하기 위해 생명을 잃을지 모르는 위험을 겪고 있습니다. 여러분에게도 하나님의 말씀이 소중한가요? 여러분의 친구들과 가족들이 스스로 성경을 읽을 수 있도록 하기 위해 어떤 일이든지 할 수 있나요?

 기도

 주 하나님, 윌리엄 틴데일처럼 죽음을 각오하고 성경을 번역한 사람이 있다는 것을 배우게 되어서 감사합니다. 그리고 제가 앞으로 주님의 말씀인 성경을 이해하고 소중하게 여길 수 있도록 도와주세요. 또한 제가 주님께서 성경을 통해 하신 말씀에 순종하지 않은 것을 용서해 주세요. 지금도 자신의 말로 된 성경을 갖고 있지 못한 사람들을 위해 성경이 번역될 수 있도록 도와주세요. 예수님의 이름으로 기도드립니다. 아멘.

휴 라티머
Hugh Latimer(1485~1555, 영국)
성경수호를 위해 불의에 대항하다 순교한 사람

그는 성경과 다르게 가르치는 교회(교황이 교회의 주인이라는 등)를 끊임없이 비판하며 영어 성경을 교인들에게 주어야 한다고 강조했습니다. 그러나 당시의 사제들은 휴 라티머의 가르침이 매우 위험하다고 판단했고 마침내 그는 런던으로 끌려가서 런던탑에 갇혀 이단자 재판을 받게 되었습니다. 그와 함께 재판을 받은 리들리도 그들의 의견을 버릴 것을 강요받았지만 진리를 버릴 수 없기에 그들의 목에 화약봉지를 묶어놓고 불을 붙여 폭파시키는 끔찍한 화형을 당했습니다. 특히 라티머가 남긴 마지막 말은 많은 그리스도인들에게 진한 감동을 주고 있습니다. '평안하십시오, 리들리 선생, 남자답게 죽음을 맞이하십시오. 하나님의 은혜로 우리는 꺼지지 않는 촛불을 영국에 밝힐 것입니다.'

Hugh Latimer

　　휴는 마치 자기가 세상 꼭대기에 있는 것 같았습니다. "괜찮니?" 아버지가 물었습니다. 그는 웃음으로 답을 대신했습니다. "너를 왕의 기수로 키워야겠다." 아버지가 아들에게 말했습니다. 휴는 머리를 높게 들고 될 수 있는 한 키가 커보이도록 앉아 더 빨리 움직이기 위해 말의 옆구리를 찔렀습니다.

　"너무 빠르지 않게. 그 말은 아직 사람이 많이 타지 않았다. 너도 그 말에 익숙하지 않다는 점을 기억해라." 아버지의 경고의 목소리가 들렸습니다.

"저는 언젠가 왕의 기수가 될 거예요." 휴가 소리쳤습니다. "그 때쯤이면 말이 바람처럼 달리겠죠."

"말이 놀라 뛰는 바람에 네가 바닥에 떨어져 머리를 다치지만 않는다면 말이다." 아버지가 웃었습니다. "매일 매일 잠깐씩이라도 말을 데리고 나오렴. 곧 온순해질게다."

"한 번 더 돌아도 되죠?" 휴가 아버지를 졸랐습니다.

라티머 씨는 조랑말을 바라보았습니다. 충분히 침착해 보였습니다. "그래, 한 바퀴만 더 돌아라. 말을 천천히 몰고."

휴는 왕의 뒤를 따르는 군인 흉내를 냈습니다. 등을 곧게 세우고 머리는 높이 든 채, 그는 조랑말을 타고 목초지를 한바퀴 돌았습니다. '침착하게 잘 해내고 있군.' 아들을 바라보며 아버지가 생각했습니다.

"오늘은 이제 그만하자꾸나." 라티머 씨가 말하자, 여덟 살 소년은 아버지 옆에서 조랑말을 멈췄습니다. "이제 말을 돌봐주고 좀 쉬게 하렴."

휴는 갈아엎은 밭의 한쪽에서 긴 풀을 한 아름 뽑아다가 조랑말에게 먹이고는 마구간으로 데려갔습니다. "돌아가서 어머니 우유 짜는 일을 도와드려라." 아버지가 말했습니다. "나무 양동이의 반만 채워달라고 하면, 어머니의 우유 나르는 일을 도와드릴 수 있을게다. 일을 끝마치면 널 위해 하얀 수염이 준비되어 있을 거야."

소년이 빙그레 웃었습니다. 방금 소에서 짜낸 거품 가득한 따뜻한 우유 한 컵만큼 소년에게 맛있는 것은 없었습니다. 우유를 먹고 나면 입가에 하얀 수염이 그려지곤 했기 때문에, 아버지는 종종 그렇게 놀리곤 하셨습니다.

"네가 와줘서 기쁘구나." 라티머 부인이 말했습니다. "해가 지기 전에 해야 할 일이 아주 많았거든."

"아빠가 그러시는데 제가 우유 나르는 일을 도와드릴 수 있는데요."

"그럼 할 수 있고 말고. 엄마가 주는 이 우유는 불쌍한 플레처 부인에게 갖다 드리려무나. 부인의 아이들이 백일해(봄부터 여름 사이에 많이 생기는 어린이의 호흡기 전염병)에 걸렸는데, 가능한 한 좋은 음식을 먹어야 한단다. 부인은 가난한 과부여서 아이들을 위해 충분한 우유를 살 여유도 없을 거야."

"플레처 부인 댁까지는 먼 길인데요." 휴는 양동이의 크기를 내려다보며 말했습니다.

"그렇지. 하지만 네게 버터 조금하고 치즈, 그리고 채소밭에서 따온 양배추도 조금 줄 테니까 그러면 일이 더 쉬워질게다."

휴는 엄마가 농담을 하고 있다고 생각했습니다. "훨씬 쉬워지겠네요!" 그는 큰 소리로 웃었습니다.

그런데 정말 일은 쉬워졌습니다. 라티머 부인은 짧은 막대의 한쪽 끝에 우유 양동이를 걸었습니다. 그런 다음 치즈와 버터와 양배추를 보자기에 싸서 다른 한쪽에 걸었습니다.

"자," 그녀가 말했습니다. "이제 물건을 나르는 일이 얼마나 쉬운지 알게 될 거야." 그녀는 막대를 휴의 어깨에 올려 주었습니다. "머리를 위로 올리고 있으면 무게를 거의 느끼지 못할 거다."

놀랍게도 소년은 어머니의 말씀이 사실임을 알게 됐습니다. '누나가 할 때는 무척 힘든 일이라고 생각했는데.' 그는 플레처 부인의 집으로 걸어가면서 혼자 생각했습니다. '그런데 그게 아니었구나.'
 "다녀왔습니다!" 아버지의 작은 농장으로 들어서면서 휴가 소리쳤습니다. "조심해!" 하는 목소리가 들리자, 소년은 몸을 피했습니다. 휴는 아무 생각 없이, 형이 활쏘기 연습을 하고 있던 나무 숲 쪽으로 들어선 것입니다. 이제 안심하고 나와도 된다는 형의 목소리가 들릴 때까지 휴는 나무 뒤에 숨어 있었습니다.
 "이제 네 차례야." 형이 말했습니다. "짐을 들만큼 컸으면, 이제 활을 쏠 수 있을 만큼 자랐다는 이야기니까." 휴는 형의 활을 쳐다봤습니다. 자신의 활에 비해 훨씬 커보였습니다. "똑바로 서." 형이 말했습니다. "그렇지, 등을 군인처럼 똑바로 펴. 이제 활을 단단히 잡고. 머리를 들고! 목을 곧게 펴고 머리는 높이 들어야 해." 휴는 단단히 집중을 하고 화살을 뒤로 당겨 형이 쏘라고 할 때까지 동작을 멈추고 있었습니다. "쏴!" 마지막으로 활을 한 번 더 끌어당긴 후 줄을 놓자, 화살이 과녁을 향해 곧게 날아갔습니다. "잘했어!" 형이 웃었습니다. "넌 언젠가는 궁수(활을 쏘는 군인)가 될 거야." 휴가 싱긋이 웃었습니다. "써케스톤 최고의 궁수." "어쩌면 잉글랜드 최고의 궁수일 수도 있지." 형이 덧붙였습니다. "어쩌면."

"휴는 상당히 열심히 노력하고 있소." 라티머 씨가 어느 날 아내와 함께 순무를 솎아내면서 말했습니다. 그녀는 뻐근한 허리를 바로하고 말했습니다. "휴는 튼튼하지는 않아요. 하지만 머리가 좋아요. 영리하죠."
"고등학교를 졸업하면 대학에 보내야 할 것 같소. 그 아이가 자라서 농장 일로 생계를 유지하기는 힘들 거요."
"대학에 보내려면 많은 돈이 들 텐데요." 라티머 부인이 의견을 말했습니다.
남편은 일어서서 몸을 쭉 폈습니다. "우리는 부자가 아니오. 하지만 가난하지도 않소. 그리고 만일 그 아이가 충분히 잘 해내기만 한다면, 나중에 세상에서 출세를 하게 될 수도 있지." 그가 말했습니다.

"잘 해낼 줄 알았어." 몇 년이 지난 1510년 휴가 케임브리지대학에서 일하게 되자 라티머 씨가 자랑스럽게 말했습니다. "휴는 무척 열심히 공부했고, 성적도 아주 좋아서 학교는 기꺼이 그 애에게 장학금을 지불했어."

"마을 사람들은 그 아이를 대학에 보내는 것이 돈 낭비라고 생각했어요. 이제 자기들이 잘못 생각했었다는 걸 알겠죠!" 아내가 웃으며 말했습니다. "난 항상 그 애에게 재능이 있다고 생각했어요."

2년 후, 이 부부의 막내아들은 설교자가 되었고 그것도 아주 열성적인 설교자가 되었습니다.

"이 새로운 가르침에 대해서 어떻게 생각해?" 한 친구가 휴에게 물었습니다. "교황이 교회의 머리가 아니라고 말하는 사람들이 있어."

"나도 들었어. 하지만 그런 말도 안 되는 내용을 가르쳤다간 좋지 않은 결과를 맞게 될 것이 틀림없어. 당연히 교황이야말로 교회의 머리지."

"그 사람들은 성경에는 그런 말은 나오지 않는다고

말해." 그의 친구가 말을 이었습니다.

"하지만 그것이 교회가 가르치는 내용이잖아." 휴가 말했습니다. "그리고 교회가 가르치는 것은 성경에 나오는 것만큼이나 중요해."

"요즘 주위에서는 그런 내용의 가르침이 점점 많아지고 있어." 친구가 말을 맺었습니다.

라티머가 못마땅한 얼굴을 하며 말했습니다. "그런 어리석은 짓을 뿌리 뽑도록 할 수 있는 최선을 다하겠어." 한동안은 자기가 말한 그대로 실행에 옮겼습니다.

"신부님께 고백하고 싶은 게 있는데 시간을 내주실 수 있나요?" 토마스 빌니가 라티머에게 물었습니다.

"물론이오, 내 서재로 오시오." 라티머가 말했습니다. 하지만 빌니는 성경의 진리를 믿고 있었고, 고해를 했다기보다는 휴에게 자신이 믿고 있는 것을 말했습니다. 라티머는 듣는 일이 신부가 해야 할 일이었기 때문에 들어주었습니다. 하지만 곧 그 남자가 하는 말을 진정으로 듣고 싶은 마음이 들기 시작했습니다. "빌니의 말이 진실일 수도 있을까?" 그는 호기심을 갖게 됐습니다. 바로 그 날이 휴의 인생의 커다란 변화가 시작된 날이었습니다. 곧 그는 주 예수님을 구세주로 믿었습니다.

"조심해야 될 거요." 대학의 교직원 중 한 사람이 그에게 경고를 했습니다. "자네가 종교 개혁자라는 소문이 돌고 있어. 물론 그 말도 안 되는 얘기들을 믿는 건 아니겠지?"

라티머는 슬픈 표정으로 그 사람에게 미소를 지었습니다. "나도 얼마 전까지는 모두 헛소리라고 생각했소. 하지만 이제 나는 그것이 이 세상에서 최고의 소식이라는 것을 알게 되었다네."

"도대체 무슨 뜻인가?" 상대방이 내뱉듯 물었습니다. 휴는 그 사람의 팔을 붙들고 말했습니다. "나와 산책하며 얘기 좀 하세."

캠 강둑을 따라 천천히 걸으면서, 이 새로운 그리스도인은 자신에게 일어난 일을 설명했습니다.

"내가 하는 일은 성경이 가르치고 있는 것과, 교회

가 가르치는 것을 보면서, 그 둘의 차이점을 찾는 것이라네. 나는 우리가 성경을 믿어야 한다는 것을 알고 있지." 라티머가 설명했습니다.

"어째서 그런가?"

"왜냐하면 성경은 하나님의 말씀이고, 하나님께서는 거짓말을 하지 않으시니까 말일세."

"하지만 교회가 가르치는 것 역시 중요하지 않은가?"

"물론 그렇지." 휴도 동의했습니다. "하지만 교회도 실수를 저지를 수 있다네. 하나님께서는 결코 실수하지 않으시지."

상대방이 휴가 방금 한 얘기를 곰곰이 생각하는 한동안 그들은 아무 말 없이 걷기만 했습니다.

"성경에 나와 있지 않은 내용을 교회가 가르치고 있다면, 도대체 어떤 내용이 그렇다는 말인가?" 라티머의 동료가 드디어 물었습니다.

"첫째로, 성경은 그리스도가 교회의 머리라고 말하고 있는데, 교회는 교황이 머리라고 가르치고 있지요."

"바보 같은 소리군!" 상대방이 큰 소리로 말했습니다.

"또 교회는 매번 미사를 드릴 때마다, 예수님께서 다시 십자가에 못 박히신다고 가르치고 있지 않은가. 하지만 성경에 따르면 예수님은 일찍이 십자가에 못 박혀 죽으셨고 부활하셨다네."

그의 동료는 걸음을 멈추고, 분노로 붉어진 얼굴을 휴 라티머 쪽으로 돌리며 말했습니다. "자네는 이런 말들을 했으니 화형을 당해야 마땅하네. 그리고 지금 이 순간부터 자네는 내 친구도 아니야." 그는 학교가 있는 방향으로 성큼성큼 걸어갔습니다.

"우리에게 필요한 것은 영어로 된 성경입니다. 그래서 사람들이 스스로 성경을 읽을 수 있도록 말입니다." 휴는 자신과 생각을 같이하는 사람들에게 말했습니다.

"말하는 걸 조심하게." 그들 중 한 사람이 라티머에게 주의를 주었습니다. "그러다가 곤경에 빠질 수도 있네."

우려가 사실로 드러났습니다.

"얼마나 어리석은 생각인가!" 수도사가 그 얘기를 듣고 말했습니다. "평민들이 영어로 된 성경을 갖게 되면 무슨 일이 일어날지 상상해보게. 예수님은 조금의 누룩이 빵을 부풀게 한다고 말씀하시면서, 작은 죄가 삶에 끼치는 영향과 비교하셨지. 만일 평범한 사람들이 예수님의 말씀을 읽게 되면, 그들은 빵에 누룩 넣는 일을 멈추게 되고, 그러면 우리는 모두 딱딱한 비스킷만 먹어야 될 걸세. 사람들에게 영어로 된 성경책을 만들어주자는 얘기는 내가 수년간 들어왔던 말 중에 가장 어리석은 제안일세. 어떤 경우라도, 만일 그런 일이 일어나게 되면, 사람들은 신부가 하는 말을 더 이상 듣지 않으려 할 거야."

'그렇게 되면 좋지요.' 라티머는 속으로 생각했습니다.

모든 사람에게 인기가 있지는 않았지만, 그래도 어떤 사람들은 휴가 좋은 신부라는 사실을 알고 있었습니다. 그들 덕분에 휴는 우스터의 주교가 되었습니다.

하지만 잉글랜드에 있는 로마 카톨릭교회가 성경을 믿고 가르치는 교회로 변화하는 것을 왕이 허락하지 않자, 그는 주교자리를 사임해야 한다고 느꼈습니다. 많은 사람들이 휴의 설교를 좋아했지만 주교들과 신부들은 그렇지 않았습니다.

"이제 사임할 때가 왔네." 그는 자기 방에 모여 있는 친구들에게 말했습니다. "그래서 사임하려고 한다네." 휴는 주교의 옷을 벗고, 갑자기 방 한 가운데서 껑충껑충 뛰어다녔습니다. "기분이 한결 좋아졌다네!" 그는 소리 내어 웃었습니다. "기분이 훨씬 더 좋아졌어!"

"전해드릴 새로운 소식이 있습니다." 사자(使者)가 와서 라티머에게 말했습니다. "런던에 가셔서 이단자 재판을 받으셔야 합니다."

"내게는 전혀 새로운 소식이랄게 없소." 휴가 말했습니다. "이렇게 될 줄 알았거든."

재판의 결과는 그가 예상했던 것보다 가혹했고, 결국 그는 런던탑에 갇혔습니다.

"정말 끔찍했어." 그의 한 친구가 설명했습니다. "법정은 그를 바보로 취급했고 그리고 이단자로 만들었지."

"그리고 왕권을 반역하는 자로 만들었네." 다른 친구가 덧붙였습니다.

"그런데 재판하는 동안 휴를 보았나?" 누군가가 물었습니다. "사람들이 그를 모욕하는 내내, 휴는 고개를 높이 들고 있었지."

"다시 풀려날 수 있을지 의문일세." 한 친구가 슬프게 말했습니다.

"그래도 감옥에 리들리 경과 크랜머 박사가 함께 있어 다행이네." 제일 나이 많은 사람이 말했습니다. "하지만 이 훌륭한 세 명의 개혁가들이 다 감옥에 갇혀 있으니, 남은 우리가 예수님에 대해 설교하기 위해

알아두기

런던탑(Tower of London)

런던탑은 런던의 동쪽에 있는 템즈강 옆에 위치합니다. 런던탑은 한 때 왕궁이었고, 성채였으며, 감옥이었습니다. 여왕이나 공작, 성직자 등의 많은 유명한 사람들이 이 탑 안에서 처형되고, 암살되고 또 갇혀 있었습니다. 이제는 이 탑 안에 죄수들이 갇혀 있지 않고 오래된 유물로 관광 명소가 되었습니다. 이 곳에는 지금 옛날의 보물들이 보관되어 있을 뿐만 아니라, 갈가마귀들의 집단 거주지가 되고 있습니다.

더 열심히 일해야 할 걸세."

"당신은 옥스퍼드로 후송될 거요." 간수는 서로 다른 방에 갇혀 있는 세 사람에게 각각 이렇게 소리 질렀습니다.

"어째서요?" 리들리가 물었습니다.

"거기서 또 재판을 받게 될 거요." 간수가 대답했습니다. "그리고 만일 정의가 실현된다면, 당신은 거짓말을 해 온 죄로 사형에 처해질 거요."

1555년 9월 28일, 그들의 재판이 시작됐습니다.

"죄명은 미사에 대해 거짓을 가르치고 있었다는 점이오." 법정의 직원이 선언했습니다. "죄를 부인하시오?"

세 사람은 자신들의 가르침에 대해 인정했습니다. "당신들이 설교해 온 내용의 진실을 공개적으로 부인하겠소?" 그들에게 질문이 던져졌습니다.

라티머는 머리를 꼿꼿하게 들고, 부인하지 않겠다고 말했습니다.

"당신은 늙었소." 법정에 있던 한 사람이 휴에게 말

했습니다. "부디 당신의 가엾고 노쇠한 몸을 위해서라도 그냥 그 말에 동의하시오."

휴는 고개를 흔들고 다시 머리를 높이 들었습니다. "아니오." 그는 명확하고 확고하게 말했습니다.

그 다음날도, 세 사람은 똑 같은 질문을 다시 받았습니다. "아니오." 그들은 말했습니다. "우리는 성경의 진리를 부인할 수 없소."

그들은 다시 감방으로 돌려보내졌고, 라티머는 세 가지를 놓고 하나님께 기도를 드렸습니다. 우선 자신이 죽을 때까지 진리를 위해 바로 설 수 있도록 하나님께서 도와주시기를 기도했고, 또 예수님의 복음이 잉글랜드 전체에 전파될 수 있도록, 그리고 새로 왕위에 오른 엘리자베스 여왕을 축복해 주시기를 기도했습니다.

"유죄!" 법정 직원이 소리쳤습니다. "법정은 이들에게 유죄를 선고한다! 당신들은 거짓말을 한 죄로 화형을 당할 것이다." 끔찍한 선고가 내려졌지만 그들은 모두 그 선고가 끝마칠 때까지 머리를 들고 서있었습니다.

"당신들이 가르친 내용을 부인하겠소?" 라티머와 리들리는 사형장으로 끌려 나가면서 마지막으로 질문을 받았습니다.

"나는 결코 부인하지 않을 것이오." 그들이 대답했습니다. 수의가 입혀지기는커녕 이 두 개혁자들은 입고 있던 옷을 벗어야 했습니다. 가지고 있던 모든 소지품들을 내놓고, 조용히 화형대로 걸어갔습니다.

"한꺼번에 시작해!"라는 명령이 떨어졌습니다.

휴가 화형대의 한쪽에, 그리고 리들리는 다른 한쪽에 묶였습니다. 화약봉지가 그들의 목에 묶이고, 불이 붙여졌습니다.

휴는 고개를 높이 들고 기도했습니다. "오, 하늘에 계신 아버지, 저의 영혼을 받으소서."

"주여, 저에게 자비를 베푸소서." 리들리도 기도했습니다.

불이 타올랐고, 화약이 폭발했으며, 용감한 두 남자는 천국으로 갔습니다. 하지만 잉글랜드를 위한 그들의 기도는 응답되었고, 교회는 그 후에 성경을 가르치기 시작했습니다.

😊 기억하기

휴 라티머는 교회의 머리가 교황이 아니라 예수 그리스도이시라고 믿었습니다. 예수께서는 그분의 이름을 믿는 사람들에게 영생을 주시기 위해 십자가에서 죽으셨습니다. 그 누구도 그런 일을 한 적이 없으며, 앞으로도 없을 것입니다. 예수 그리스도의 이름을 믿는 사람들이 교회를 이룹니다. 그러므로 그들의 주님이시고 주인이신 예수님이 교회의 리더이시고 머리이십니다.

👀 생각하기

라티머와 리들리는 성경의 진리를 부인할 수 없다고 말했습니다. 성경에 대해 잠시 생각해보세요. 누가 성경을 썼나요? 사실상 선지자들과 제자들과 하나님을 믿는 사람들이 글을 썼지만, 모든 말씀에 영감을 주신 분은 하나님이십니다. 모든 말씀의 배경에는 하나님이 계십니다. 왜 그러한 사실이 성경을 특별하고 독특하게 만들까요? 왜냐하면 성경은 처음부터 끝까지 진실이기 때문입니다. 하나님이 진리이시고, 그분은 거짓말을 하실 리가 없습니다. 하나님께서는 사람들을 하나님께로 인도하길 원하십니다. 그분은 여러분을 구원하길 원하시고 계십니다.

기도하기

사랑하는 하나님, 사람들이 서로 미워하고 폭력을 사용하는 것을 보면 매우 슬퍼집니다. 옛날에 그리스도인들은 주님을 믿는다는 이유로 고통당하고 죽었습니다. 그리고 오늘날에도 어떤 곳에서는 그런 일이 벌어지고 있습니다. 주님께서도 우리에게 영생을 얻게 하시려고 고난 당하셨습니다. 자격도 없는 우리들을 위해 주님께서 해 주신 모든 일에 감사드립니다. 예수님의 이름으로 기도드립니다. 아멘.

존 칼빈
John Calvin(1509~1564, 프랑스)
신앙의 힘으로 세상을 바꾸다

존 칼빈은 20대 초반에 카톨릭에서 개신교로 회심했습니다. 그는 카톨릭의 모순에 대항하다가 스위스 제네바로 망명을 갔습니다. 그곳에서 현재 주네브대학이 된 제네바 아카데미를 만들어서 유럽 각 지역에서 온 학생들을 가르쳤습니다. 그들이 다시 자신의 고국으로 돌아가서 카톨릭의 잘못된 것들과 싸우게 되었습니다. 즉 제네바를 유럽 종교 개혁의 중심지로 만든 것입니다. 교회 개혁에 관한 일로 칼빈은 제네바에서 추방되기도 하지만 다시 제네바로 돌아가서 종교 개혁을 위한 일들을 과감하게 진행했습니다. 그는 "오직 주께만 영광"(Soli Deo Gloria)이라는 유명한 말을 남겼는데 이는 교황이나 교회가 아니라 하나님이 중심이 되어야 한다는 뜻입니다. 그는 「기독교강요」라는 훌륭한 책을 썼는데 어린이 여러분들이 이 다음에 꼭 읽어보길 바랍니다.

John Calvin

　　　　존은 어머니의 침상에 앉았습니다. 어머니는 건강이 좋지 않았고 존이 하는 놀이가 자신을 피로하게 한다는 것을 알았지만, 둘이 함께 앉아 이야기를 나눌 수 있어 즐거웠습니다.

"엄마가 어렸을 때 이야기를 들려주세요." 존이 말했습니다.

어머니가 웃었습니다. "외할머니와 외할아버지는 프랑스 북부에 있는 조그만 마을에 사셨단다. 여인숙을 운영하셨기 때문에 늘 사람들이 오고 갔지. 때로 엄마는 주방에 숨어서 어른들이 하시는 말씀을 엿들었단다. 대부분의 사람들은 잉글랜드로 물건을 팔러 가는 길에 여인숙에 머무는 무역업자들이었어."

"아버지도 무역업을 하셨나요?" 다섯 살의 존이 물었습니다.

옛날 생각에 미소를 지으며 어머니가 설명했습니다. "아니란다. 아버지는 변호사였고, 이곳 누아용에 있는 성당을 위해 일하셨지."

"변호사는 무슨 일을 하나요?"

"다양한 일을 하지." 그녀가 말했습니다. "때로는 토지를 사고파는 것과 관련된 일을 한단다."

"그럼 변호사도 일종의 무역업자군요."

"어떤 면에선 그렇게 말할 수도 있겠구나." 그의 어머니가 이렇게 말하며 웃었습니다. "하지만 아버지가 사고파는 것은 아버지의 물건들이 아니란다. 아버지가 거래하시는 모든 것은 교회의 소유이지."

"그럼 교회는 굉장히 부자이겠네요." 어린 소년은 혼자 중얼거렸습니다.

"그래." 그의 어머니가 동의했습니다. "내 생각도 그렇단다."

"쉬~ 조용히 해라." 몇 달 후, 어떤 여인이 존에게 말했습니다. "초상집에서는 소란을 피우는 게 아니란다." "하지만 저에게는 엄마가 필요해요!" 존은 흐느껴 울었습니다. "엄마가 돌아가시는 건 싫단 말이에요."

"하지만, 이제 엄마 없이 살아가는데 적응을 해야 한다. 그리고 좀 조용히 해라. 불쌍한 네 아빠에게도 마음의 평안이 필요하니까."

아이는 평안이 무엇인지 몰랐습니다. 다만 자신의 아픈 마음을 달래기 위해 필요한 것이라고 생각했습니다.

"저에게도 평안이 필요할까요?" 소년은 장례식 준비를 위해 어머니의 시신을 염(죽은 사람의 몸을 씻은 다음에 수의를 입히고 한지로 된 끈으로 묶는 일)하러 온 여자에게 물었습니다.

그녀가 존을 뿌루퉁하게 쳐다보자 존은 그녀를 피해 밖으로 도망갔습니다.

그날 이후 어린 존 칼빈의 인생은 달라졌습니다. 필

요한 모든 일을 스스로 했지만, 아무것도 예전 같지가 않았습니다. 질문에 대답을 해주고, 넘어져서 무릎 살갗이 벗겨지면 키스로 위로해주시던 어머니가 안 계셨기 때문입니다. 존은 어머니의 부드러움과, 잠자리의 키스와, 함께 했던 특별한 시간들이 그리웠습니다. 어린 존 칼빈에게 그 시절은 분명 슬픈 시절이었습니다.

"네게 설명해주고 싶은 것이 있단다." 7년이 지난 1521년 그의 아버지가 존에게 말했습니다. "네게 일자리를 주려고 준비 중에 있다."

존의 표정이 어두워졌습니다. "하지만 전 일자리를 원치 않아요. 공부를 하고 싶어요."

그의 아버지가 자리에 앉았습니다. "아버지가 하려는 말을 끝까지 잠자코 들어라!"

칼빈은 아버지 앞에 있는 의자에 앉았습니다.

"이런 일은 교회에서 흔히 있는 일이란다. 일자리를 얻게 되고, 보수도 받겠지만, 사실상 그 일을 해야 하는 것은 아니지."

"어째서죠?"

"왜냐하면 누군가 다른 사람이 네 일을 대신 해주거든."

"그러면 일자리는 무슨 소용이고, 왜 그 일을 직접 하는 사람이 돈을 받지 않고 제가 받는 건가요?"

"그 일이라는 것이 교회를 돌보는 것인데 그 사람도 보수를 받는단다. 그렇게 많지는 않지만 말이야. 보수의 대부분을 네가 받게 되는 거지."

"제가 어디에 돈이 필요하죠?" 존이 당황해 하며 물었습니다.

"교육비도 싸지 않단다." 그의 아버지가 말했습니다. "그 돈이 네 학비에 도움이 될게다."

존은 그 문제로 당황스러웠습니다. 상황이 매우 이상하기는 했지만 돈이 생긴다는 사실은 기뻤습니다.

칼빈은 열네 살이 되자 대학에 갔습니다. 처음에는 파리에서 신학(하나님을 연구하는 학문)을 공부했고, 그런 다음 아버지가 원하시는 대로 프랑스의 또 다른 대학에서 법학 공부를 했습니다. 하지만 법학 공부를 마치기 전에 존의 아버지는 세상을 떠났습니다. 이제 존은 독립해서 자신의 문제를 스스로 결정해야했습니다.

"나는 파리로 돌아가서 헬라어와 히브리어를 공부하기로 했어." 그가 한 친구에게 말했습니다.

"그거 위험한 일인데" 또 다른 친구가 웃으며 말했습니다. "성경을 읽다가 어쩌면 루터 같은 사람이 될 수도 있잖아!"

칼빈은 친구의 눈을 들여다보았습니다. "나는 루터처럼 쉽게 설득 당하는 사람이 아니라고 생각하네." 그가 힘주어 말했습니다. "나는 교회에서 성장했어. 교회가 내 학비를 주었고. 그런 내가 교회를 떠나서 교회가 진실을 말하고 있지 않다고 설교할 거라고 생각한다면, 자네 나를 다시 한번 생각해봐야 할 걸세."

"화내지 말게!" 친구가 말했습니다. "그냥 농담한 것뿐이야!"

하지만 오래지 않아 존 칼빈은 친구가 농담으로 했던 말대로 됐습니다. "나는 교회의 온갖 불합리 속에 완전히 사로잡혀 있었다네." 나중에 그는 이렇게 편지에 적었습니다. "그 이후 나는 갑자기 변화됐지. 하나님께서 내 마음을 굴복시키시고, 가르칠 수 있는 능력을 내게 주셨어." 자신에게 일어난 일들을 적은 편지를 친구에게 보냈을 때, 친구가 보낸 답장은 전혀 힘이 되지 않았습니다.

"자네는 매우 용감한 결단을 내렸군." 편지에는 이렇게 쓰여 있었습니다. "하지만 매우 위험한 결정일세. 내가 자네라면 파리를 떠날 준비를 할 거야. 만일 떠나지 않으면 쫓겨나게 될 거니까. 교회와 왕은 종교개혁자들을 좋아하지 않지. 자네도 그들 중 하나라고 확신하는가?"

"확신하네." 칼빈이 답장을 보냈습니다. "교회는 개혁해야 할 것들로 가득 차 있네. 생각해보게. 내 학비는 교회가 아무 일도 하지 않은 내게 준 돈으로 지불되었지! 그리고 어떤 불쌍한 사람은 그 일을 대신 해준 대가로 사실상 푼돈에 불과한 보수를 받았어. 이 모든 것이 단지 나의 아버지가 성당의 변호사였기 때문일세! 이것은 절대 정의가 아니네. 이것도 교회가 잘못하고 있는 많은 일들 중 극히 일부일 뿐이야. 파리에서 쫓겨나게 될 것이라는 자네 말은 맞네. 나는 지금 이 편지를 앞으로 내 안식처가 될 제네바에서 쓰고 있다네."

"이제 어떻게 하실 건가요?" 교회에서 만난 스위스의 한 그리스도인이 물었습니다.

"제가 제일 잘하는 일은 공부하는 것입니다. 그러니 아무래도 계속해서 공부를 해야 하겠지요." 존이 대답했습니다. "로마 카톨릭교회의 온갖 잘못된 점들을 생각할 때, 그곳을 떠난 것은 매우 잘한 일입니다. 하지만 개혁교회 역시 성경 말씀을 확실히 알고, 그 말씀에 따르지 않는다면, 심각한 잘못을 범하게 될 겁니다. 내 생각에는 하나님께서 바로 이 일에 대한 소명을 제게 주신 것 같습니다."

"정말 어려운 일이군요." 그의 새 친구가 미소를 지

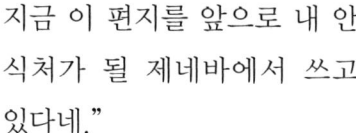

제네바(Geneva)

제네바는 1815년에 생긴 스위스의 새로운 항구도시였습니다. 그 이전에는 프랑스의 영토였고, 1798년 이전에는 자치시(independent city)였습니다. 국제적십자사가 앙리 뒤낭(Henri Dunant)에 의해 1863년에 이곳에서 창립되었고, 제1차 세계대전 이후 국제연맹(the League of Nations)의 본사도 제네바가 선택되었습니다. 이 도시는 시계와 보석, 그리고 초콜릿으로 유명합니다.

으며 말했습니다. "하지만 하나님께서는 능히 그 일을 할 수 있는 사람에게 중요한 임무를 맡기시는 분이시지요."

"나는 이곳에서 안전함을 느끼네." 1536년 8월에 존이 제네바의 친구에게 말했습니다.

"그 말이 무슨 뜻인지 알겠네. 이곳 사람들이 성경에 따라 살기로 투표하고 로마 카톨릭교회의 가르침을 폐지한 것은 매우 잘된 일이지."

"다시 말하자면 내가 한동안은 마음 놓고 스파이의 추적을 당할 걱정 없이 글쓰기에 전념할 수 있다는 의미지."

"자네가 한동안이 아니라 더 오랫동안 여기 있길 바라네." 다른 한 종교개혁가가 말했습니다. "우리에게도 제네바에 있는 교회의 설립을 도와줄 자네가 필요하다네."

하지만 2년 후 칼빈은 제네바를 다시 떠났습니다. 시의회가 바뀌면서, 그는 더 이상 환영받지 못했습니다. "잦은 이동이 나의 저작활동을 멈추지는 못한다네." 그는 자신의 원고를 싸면서 스위스 친구들에게 말했습니다. "학생은 어디서든 공부를 할 수 있지."

"나는 전 생애에 이토록 행복해 본 적이 없소." 존이 말했습니다. "스트라스버그에서의 올 한해는 정말 좋았소."

"어떤 면에서요?" 이들레트가 물었습니다.

"왜냐하면" 그는 이렇게 말하면서 미소를 띠었습니다. "당신이 나와의 결혼을 승낙했고, 결혼하면서 내게는 자식들도 생기지 않았소."

이들레트는 심각해 보였지만, 그건 아주 잠시 동안이었습니다. "이전 남편이 죽을 때, 제일 걱정한 것은 바로 아이들과 저였어요. 단 한번도 내가 다시 사랑을 하게 되고 내 아이들이 이렇게 좋은 양아버지를 만나게 되리라고 생각하지 못했어요. 나에게도 역시 너무나 행복한 한 해였어요."

"유일한 문제가 있다면 내가 글을 쓸 수 있을 만큼 예전의 평온을 갖지 못한다는 거요." 존이 절반쯤 심각하게 말했습니다.

"이렇게 될 거라는 걸 아셨잖아요!" 아내가 웃었습니다. "지금도 그렇게 나쁜 상황은 아니에요. 얼마 전에 책 한권을 끝내고 벌써 다른 책을 쓰고 있잖아요."

"이제 제네바로 돌아가야 할 때가 온 것 같소." 1541년 존이 아내에게 말했습니다. "내가 작업해왔던 교회행정 시스템(교회를 국가와 같이 조직화하고 평신도로서 제네바 시의회의 의원 중에서 장로를 세워 교인들의 생활을 살펴보고 목사에게 보고하게 한 제도)시킨다는 것을 제네바 사람들이 승인할 것 같소."

칼빈의 예상대로 제네바 사람들은 그 시스템을 승인했지만, 그가 원하는 방식대로 교회 행정을 바꾸지는 않았습니다.

유럽 전역에서 종교 개혁가들이 칼빈과 함께 연구하기 위해 모였으며, 그들 중 다수는 이전에 로마 카톨릭교회의 신부였습니다. 그들의 토의는 한번 시작되면 몇 시간이나 지속됐습니다.

"제가 주제를 정하고 싶습니다만…" 하루는 모임에 나온 한 프랑스 사람이 말했습니다.

"뭔가요?" 칼빈이 물었습니다. "할 수만 있으면 대답을 해드리지요."

"예정설에 대해서 설명을 좀 해주십시오." 그 남자가 부탁을 했습니다. "제게는 너무 혼란스러워서요."

칼빈이 일어나서 턱을 비비며 이야기를 시작했습니다. "성경은 하나님께서 창조 전에 그분의 위대한 사랑으로 어떤 사람들을 하나님의 백성으로 미리 선택하셨다고 가르칩니다. 이 땅에 사는 동안에 이 백성들은 예수님을 믿고, 죽으면 그 분과 함께 하기 위해 천국으로 간다고 말입니다. 성경이 가르치는 것이 복음입니다. 예수님을 믿는 사람들은 모두 천국에 가게 됩니다. 좋은 소식인가요?" 그가 프랑스 사람에게 물었습니다.

"네." 프랑스 사람이 대답했습니다.

칼빈은 결론을 내렸습니다. "그것이 바로 예정설입니다."

"마음이 너무 아프구나." 1549년 이들레트가 죽자 존 칼빈이 말했습니다. "처음에는 내 유일한 친 아들이 어려서 죽더니, 결혼 한지 11년 만에 다시 아내가 죽다니…"

"하지만 아버지께는 저희들이 있잖아요." 그의 양아들이 말했습니다. "저희도 아버지의 가족이에요."

칼빈은 자신의 손을 청년이 된 아들의 어깨에 올렸습니다. "알고 있다." 그가 말했습니다. "게다가 아버지를 잃은 너희들이 어머니까지 잃게 되다니, 아직 젊은 너희들에게 너무 힘든 일이겠구나."

"하지만 저희들은 혼자가 아니에요. 저희들에게는 아버지가 있고, 아버지에게는 저희들이 있어요." 양아들이 말했습니다.

칼빈은 건장한 청년의 얼굴을 올려다보았습니다. "네 말이 맞다." 그는 동의했습니다. "그리고 하나님께서도 우리를 돌보아 주실 거다."

몇 년 후, 칼빈이 그 도시를 위해 세운 계획에 대해 토론이 벌어졌습니다.

"매우 흥미로운 아이디어군요." 시의회가 결정했습니다.

"제네바에도 자체 아카데미가 있으면 좋을 것 같아요. 유럽 전역의 사람들이 이곳에서 공부를 하기 위해 모여들 겁니다." 한 사람이 말했습니다.

"네, 그렇게 되면 돈도 많이 벌게 되겠지요." 다른 사람이 의견을 냈습니다.

"그리고 무역에도 긍정적인 영향을 미치게 될 거요." 또 다른 사람이 덧붙였습니다.

"그럼 진행에 동의하기로 결정하시겠습니까?" 투표할 시간이 되자 의장이 물었습니다.

칼빈은 투표 결과에 매우 만족했습니다. 시의회의 투표 결과는 찬성이었습니다. "이 아카데미(지금의 주네브대학. 1559년 칼빈이 선교사 양성을 위해 창설한 뒤 1872년 종합대학이 되었습니다)가 유럽 지역에서 개혁적인 사고(로마 카톨릭교회에서는 제한적으로 허락했던 성찬식 참여를 평신도들도 자유롭게 할 수 있게 하였고, 교회의 권위의 상징으로 생각되었던 성상이나 장식물들을 부수는 등의 새로운 생각)의 중심지가 되기를 바랍니다." 칼빈이 회중에게 말했습니다. "모든 길은 제네바로 통하게 될 것입니다."

"안녕하세요, 여러분." 존 칼빈이 1560년대 초반에 아카데미의 한 강의실에서 이렇게 인사했습니다. "수업을 시작하기 전에, 여러분들이 어디에서 왔는지 알고 싶군요."

"전 독일에서 왔습니다." 한 사람이 말했습니다.

"프랑스요." 또 다른 한명이 소리쳤습니다.

"제 고향은 스코틀랜드에 있습니다."

"전 영국인입니다." 강의실 뒤쪽에서 들려온 목소리였습니다.

"스위스에서 오신 분은 없나요?" 칼빈이 물었습니다.

"전 네덜란드에서 왔습니다." 굵은 목소리로 누군가 말했습니다.

"이 강의는 바로 꿈이 실현된 것입니다." 존이 학생들에게 말했습니다. "여러분들은 유럽 각지에서 왔습니다. 이 강의실을 떠날 때 여러분들은 하나님의 말씀을 가지고 고향으로 돌아가게 될 것입니다."

"칼빈 선생님, 선생님과 공부할 수 있게 되어 무한한 영광입니다." 전에 신부였던 한 사람이 칼빈에게 말했습니다. "선생님이 쓰신 책은 모두 훌륭합니다. 저는 선생님이 하신 모든 말씀을 믿을 수 있습니다."

"이보게 젊은이" 존이 그에게 말했습니다. "그 말은 지금까지 내가 들어본 말 중에 아마도 가장 위험한 말일 걸세." 칼빈의 제자는 충격을 받은 듯 했습니다. "자네는 진실이 아닌 것을 가르치고 있다는 이유로 로마 카톨릭교회를 떠났는데, 지금은 내가 하는 모든 말을 믿을 준비가 되어 있다니… 부디 하나님께서 자네에게 주신 두뇌를 활용하게. 내가 고의적으로 자네를 잘못 지도하는 일은 없겠지만, 내가 하는 모든 말을, 그리고 모든 사람이 하는 말을 자네 스스로 성경에 쓰여 있는 내용과 비교하여 점검해야만 하네. 성경이 바로 유일한 진리이니까 말일세."

청년은 당황했고, 칼빈은 갑자기 그에게 미안한 생각이 들었습니다. "내 말을 좀 들어보게." 그가 말했습니다. "나는 그저 자네처럼 평범한 한 사람에 불과하다네. 나도 역시 실수를 저지르지. 만일 내가 특별하다고 생각한다면, 나를 잘 아는 사람에게 한번 물어보게. 나도 고통스러울 때는 상처난 곰만큼이나 신경이 날카로워 진다네. 잠자리에 들 때 복통이 오면, 아침이 오기 전에 죽는 것은 아닐까 생각하지만, 번번이 아침을 보게 되어 아직 죽지는 않았다네."

"오늘 진짜 몸이 좋지 않아." 존이 동료 교수에게 말했습니다. "오늘 강의를 할 수 있을지 모르겠어." 아카데미 내에는 금방 소문이 퍼졌습니다. "존 칼빈 선생님이 아프시다구? 아니면 오늘도 본래 자신의 모습보다 더 나쁘게 살았다고 생각하신 것은 아닐까." "오늘 정말 몸이 안 좋아 보이셨어." 한 학생이 말했습니다. "안색도 약간 이상했고." 다른 학생이 덧붙였습니다. 그들은 옳았습니다. 존 칼빈은 병이 들었고, 이후로 증세는 좋아지지 않았습니다. 다른 누구보다도 유럽의 종교개혁에 많은 영향을 끼쳤던 칼빈은 1564년 5월 27일에 천국으로 갔습니다.

기억하기

존 칼빈은 자신에게 좋은 점과 나쁜 점이 있다는 것

을 알았기 때문에 사람들이 그가 말한 모든 것을 진실로 받아들여서는 안 된다고 생각했습니다. 모든 사람은 실수를 저지를 수 있고 우리도 마찬가지입니다. 여러분은 스스로 성경을 공부해야 합니다. 그래서 사람들이 성경에 대해서 가르칠 때, 하나님의 도우심으로 그들이 진리를 말하고 있는지 아닌지를 알 수 있게 됩니다.

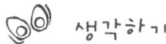 생각하기

"하나님의 말씀을 가지고 고국으로 돌아가라." 이것은 아주 중요한 일입니다. 존이 가르친 학생들은 제네바를 떠날 때 하나님의 말씀을 가지고 고향으로 돌아갔습니다. 여러분도 교회나 주일학교에 나간다면 하나님의 말씀을 가지고 가정으로 돌아갈 수 있습니다. 또 그 말씀을 가지고 학교로 돌아갈 수도 있습니다. 어떻게 하면 좋을지 한번 생각해 보세요. 어쩌면 학교에서 친구들과 그리스도인 모임을 시작해 볼 수도 있을 것입니다. 부모님께 매일 아침 함께 성경을 읽자고

제안할 수도 있겠지요? 다음 여름 방학에는 가장 친한 친구에게 함께 교회 수련회에 가자고 해보는 것은 어떨까요?

기도하기

거짓말을 결코 하지 않으시는 하나님, 변함없이 우리를 사랑해 주셔서 감사합니다. 제가 주님의 말씀, 성경을 읽고 스스로 진리를 알아갈 수 있도록 도와주세요. 어린 아이들도 주님의 진리를 이해하고 주님을 따를 수 있음을 믿습니다. 예수님의 이름으로 기도드립니다. 아멘.

존 녹스
John Knox(1514~1572, 스코틀랜드)
그 누구도 두려워하지 않던 사람

　그는 맨몸으로 영국과 프랑스의 위협으로부터 스코틀랜드의 신앙과 독립을 지켜낸 사람입니다. 존 위셔트의 영향을 받아 카톨릭의 잘못된 것들을 깨닫고 스코틀랜드에 복음을 전하기 위해 노력했지만 카톨릭교도들에 의해 갤리선(Galley, 옛날에 노예나 죄수들에게 노를 젓게 한 배)의 노예로 끌려가서 1년 반 동안 노예생활을 하기도 했습니다. 그러나 하나님이 그를 풀어나게 하셨고 자유의 몸이 되었을 때 스위스 제네바로 가서 존 칼빈을 만났습니다. 그는 그곳에서 칼빈으로부터 많은 것을 배운 후에 다시 스코틀랜드로 돌아가서 끊임없이 메리 여왕의 잘못을 지적하고 대항해서 싸우며 스코틀랜드에서 신앙을 지켜냈습니다.

John Knox

　　　　　　　존은 스코틀랜드의 작은 마을 해딩턴에 있는 자기 집 근처 타인 강가 바위에 소매를 걷어붙이고 엎드렸습니다. 존은 그림자가 물 위에 비치지 않도록 아주 신중하게 자리를 잡았습니다. 그 강에 대해서 자세하게 알고 있었기 때문에, 존은 자기가 누워있는 바위의 튀어 나온 부분 아래로 물고기들이 강을 헤엄쳐 오르내리다가 휴식을 취하는 잔잔한 물구덩이가 있다는 것도 알고 있었습니다.

　존은 손을 물속으로 천천히 집어넣었습니다. 매우 천천히 넣었기 때문에 물이 튀거나 물결이 일지도 않앉습니다. 그런 다음 몇 분 동안 꼼짝도 하지 않고 가만히 기다렸습니다. '천천히 해야 해.' 그는 손을 약간 낮추고 계속 기다리면서 이렇게 생각했습니다. 물이 팔꿈치까지 오도록 팔을 담그는데 몇 분이 걸렸습니다. 하지만 존은 참을성 있게 기다릴 만한 가치가 있음을 분명히 알고 있었습니다. 한번 잘못 움직이면 그날 맨손으로 물고기 잡는 일은 끝장이 날 겁니다. 바위들이 어떻게 배치되어있는지 이미 살펴봤기 때문에 물고기가 정확히 어디에 있는지 존은 알고 있었습니다.

존의 손이 있는 쪽을 쳐다보던 물고기들이 흥미를 잃고 다시 자리를 잡을 때까지 몇 분 동안 존은 꼼짝도 하지 않고 있었습니다. '해내고 말테다!' 그는 마음속으로 혼자 중얼거렸습니다. 드디어 존은 바위의 갈라진 틈을 막아, 미끄러지면서 빠져나가려고 힘쓰는 물고기를 손으로 잡았습니다. 그는 재빨리 일어나서 자신이 잡은 것을 확인했습니다. "나쁘지는 않군." 존은 큰소리로 말했습니다. "제법 근사한걸!"

타인강을 뒤로하고 존은 친구들과 만나기로 했던 나

무숲으로 돌아갔습니다. 친구들도 역시 물고기를 잡고 있었지만, 서로 방해가 되지 않기 위해서 강을 따라 흩어져 있었습니다.

"물고기는 좀 잡았니?" 이미 기다리고 있던 한 소년이 물었습니다.

존은 물고기 꼬리를 잡고 들어올렸습니다. "그러고 보니 앵구스도 이리로 오고 있어." 그는 물고기를 공중으로 흔들며 걸어오고 있는, 또 다른 소년을 가리켰습니다. "불을 피우자."

존은 마른 가시금작화(키가 작은 나무로 봄에 노란색 꽃을 피우며 거친 가시를 가지고 있습니다) 덤불의 작은 가지와 약간 큰 가지들을 모았습니다. 잠깐 동안의 노력으로 가지에 붙인 불은 금방 살아났습니다. 세 명의 소년들은 불길이 활활 타오르기를 기다리며 앉아있었지만, 소년들의 점심이 채 익기도 전에 나뭇가지의 불길은 희미해져버렸습니다. 남아있는 것이라고는 시뻘건 잿불밖에 없자 소년들은 물고기를 아예 불 속에 넣고 뜨겁고 벌건 가지로 덮었습니다.

"냄새가 끝내준다." 존이 말했습니다. "배고파 죽

겠어."

소년들은 물고기가 다 익었다고 생각될 때까지 이 얘기 저 얘기를 하다가, 불이 붙을 것 같지 않은 푸른 가지를 이용해 물고기에 묻은 재를 떨어내고 불 속에서 점심 식사 꺼리를 꺼내들었습니다. "맛있다!" 앵구스가 말했습니다. 존은 입술에 침을 묻힌 후에 소매로 닦아냈습니다. "맨손으로 잡은 물고기를 야외에서 구워먹는 것은 정말 세계 최고의 요리야."

"이제 가야겠다." 소년 중 하나가 말했을 때, 그곳에 남은 것이라고는 물고기 세 마리의 뼈다귀뿐이었습니다.

"우리 나중에 물고기 잡아서 또 이렇게 해보자."

존은 잿더미 옆에 무릎을 꿇고 정리하기 시작했습니다. 이미 재가 식었을 거라고 생각한 존은 재를 흩기 위해 손으로 한 움큼 집어 올렸습니다.

"앗 뜨거워!" 존은 비명을 질렀습니다. "나 불에 데었어!"

존은 용감한 소년이었지만 아파서 거의 눈물이 나올 지경이었습니다.

"어디 한번 봐." 앵구스가 말했습니다. 이미 먼지를 떨어낸 존의 손바닥은 빨갛게 변해 있었습니다. "너무 아파." 그는 눈물을 흘렸습니다. "화상을 심하게 입었나봐."

"가서 손을 물에 담가봐." 앵구스가 제안했습니다. "그러면 좀 식을 거야."

존 녹스가 강에 달려갔을 때쯤에는 눈물 때문에 거의 앞을 볼 수 없었습니다. 차가운 물이 도움이 되기는 했지만, 그 후 며칠동안 존의 손은 무척 아팠습니다. 무엇보다 저녁에 어머니가 불을 지피시면, 불에서 나는 열기 때문에 더 아프게 느껴졌습니다.

"우리 마지막으로 한번 맨손으로 물고기 잡으러 갈까?" 몇 해가 지난 어느 여름날 존이 친구들에게 말했습니다. "내가 세인트 앤드류대학에 가기 전에 가질 수 있는 마지막 기회야."

"한 가지 조건이 있어." 앵구스가 말했습니다. "이번에는 물고기와 함께 손을 요리하지 않겠다고 다짐해!"

존이 웃었습니다. "말도 안 되지! 나는 어렸을 때 불이 얼마나 뜨거울까 궁금했었는데, 그날 해답을 발견했지 뭐야."

그날 친구와 함께 나눴던 대화는 녹스가 세인트 앤드류에 도착하자마자 다시 머리에 떠올랐습니다. 대학의 정문에 흙이 검게 그을린 부분이 있었기 때문입니다.

"바로 저기가 패트릭 해밀턴이 화형당한 곳입니다." 한 학생이 말했습니다. 존은 그 사람이 당했을 고통을 생각하면서 몸을 떨었습니다.

"저도 들었습니다." 존이 그 학생에게 말했습니다. "하지만 그 사건이 일어났던 장소를 목격하고 나니 메스꺼워지네요."

"그가 한 일이라고는 성경을 가지고 설교한 것뿐인데요." 또 다른 젊은이가 비판했습니다.

"로마교회가 좋아하는 방식으로 설교하지 않았다는 이유였죠." 녹스가 결론을 내렸습니다.

대학을 떠난 존은 사제 안수를 받고, 여러 일들 중

부유한 가문들의 지도 신부 역할을 하면서 그 집의 아이들을 가르쳤습니다. 존의 생애 중 이 부분에 대한 내용은 많이 알려져 있지 않습니다. 하지만 그가 교회사에 다시 등장했을 때에 그는 그리스도인으로서 아무 두려움 없이 복음을 전하고 있었습니다.

"조지 위셔트의 설교를 들으러 함께 가지 않을래?" 1545년에 한 친구가 그에게 물었습니다.

"좋아." 녹스가 말했습니다. "그분에 대해서 나도 들어본 적이 있어. 나도 가서 직접 그분의 설교를 듣고 싶네."

두 사람은 설교를 들으러 가면서 대화를 나눴습니다.

"정말 살기 어려운 시기일세. 하지만 흥미로운 시기라고 할 수도 있지." 녹스가 말했습니다. "로마 카톨릭교회는 지금 너무 엉망이고, 여왕이 로마식 신앙을 가지고 있다는 것은 여기 스코틀랜드에는 전혀 도움이 되질 않아."

"어쩌면 우리는 언젠가 교회를 떠나 유럽의 종교 개혁자들을 따라야할지도 모르겠어. 교회가 단지 전통

만을 설교하고 있을 때, 그들은 성경을 가르치고 있어. 어쩌면 조지 위셔트가 개혁을 통해서 스코틀랜드를 이끌어나가게 될 사람일지도 몰라."

위셔트의 설교를 들은 존 녹스는 너무나 감동을 받아 이후로 3개월 동안을 위셔트와 함께 전국을 돌아다니며 사람들에게 교회를 믿을 것이 아니라 주님을 믿어야 한다고 전했습니다. 하지만 다음 해 봄 위셔트는 체포되었습니다. 존은 위셔트가 순교당하기 전날 밤을 그와 함께 보냈습니다. 친구가 화형을 당한다는 생각이 녹스를 오싹하게 만들었습니다.

"가족들에게로 돌아가시오. 하나님의 축복이 함께 하길…" 위셔트는 아침이 가까워 오자 그에게 이렇게 말했습니다. "한 사람이 죽는 것만으로 충분하오."

존은 떠났고 그날 오후 조지 위셔트가 교수형을 당한 후 불에 태워졌다는 소식을 들었습니다.

"이제 사람들이 자네를 다 아네." 존의 친구가 말했습니다. "그래서 자네를 잡으러 다니고 있어. 스코틀랜드의 카톨릭교도들은 자네가 그 일을 그만둘 때까지 아마 계속 쫓아다닐 걸세."

'그 친구 말이 맞았어.' 녹스는 이후 19개월 동안 줄곧 생각했습니다. '친구가 나에게 스코틀랜드가 안전하지 않다고 경고를 한지 몇 주 지나지 않아, 나는 체포되어 갤리선의 노예가 되었지. 앞으로 다시 자유롭게 되어 내 고국 스코틀랜드 사람들에게 예수님에 대해 설교할 수 있게 될지 의문스러워.'

채찍이 그의 어깨를 때렸습니다. "노를 저어라. 몸의 무게를 실어서 노를 저어!" 통증으로 쑤셔오는 손에 노를 더 꽉 잡고, 그는 노를 당겼다가 다시 밀어냈습니다.

"저어라! 저어! 저어라!" 채찍을 쥔 사람은 녹스의 노가 다른 사람과 보조를 맞출 때까지 소리쳤습니다.

있는 힘을 다해서 노를 저으면서, 녹스는 어린 시절을 떠올렸습니다. '내가 얼마나 타인강을 사랑했던가.' 그는 생각했습니다. '하지만 이제 다시는 물을 쳐다보고 싶지도 않아.'

"저어라!" 채찍이 다시 그의 어깨를 내려치는 순간, 귓가에 고함소리가 들렸습니다.

"저 사람이 정말 존인가?" 존이 영국으로 풀려난 이후 누군가가 물었습니다. "내가 기억하고 있는 것보다 훨씬 늙고 말라 보이는군."

"갤리선에서 노예로 일년 반이나 있었기 때문이지요." 그의 동료가 설명했습니다. "몇 달만 더 있었어도 아마 거기서 죽었을 겁니다. 하지만 그는 우리를 위해서 살아있어야 합니다. 그것도 아주 건강하게 말입니다. 우리에게는 그의 설교가 필요하거든요."

녹스는 1553년까지만 설교의 자유를 가질 수 있었고, 이후 살아남기 위해 계속 도망 다녀야 했습니다. 그는 결국 스위스의 제네바까지 갔고 그곳에서 존 칼빈을 만나 함께 공부했습니다.

"우리 스코틀랜드에는 당신이 필요합니다." 어떤 사람이 녹스를 찾아와서 말했습니다. "당신을 데려오라고 사람들이 저를 보냈습니다."

"스코틀랜드는 제가 떠날 때보다 더 안전해졌나요?" 녹스가 물었습니다.

"그렇지는 않을 겁니다. 하지만 우리에게는 당신이

필요합니다."

존은 그 사람에게 왜 자신이 돌아가야 하는지를 물었습니다.

"어린 메리 여왕이 새로 왕위에 앉았습니다. 여왕은 카톨릭신자입니다. 만일 당신이 돌아와서 우리를 돕지 않으면 스코틀랜드는 카톨릭 국가가 될 겁니다. 여왕은 마치 철부지 어린애 같습니다." 그 사람은 이렇게 이야기를 맺었습니다. "당신이 여왕에게 영향을 끼쳐서 진정한 종교를 믿도록 할 수 있지 않을까요?"

"어쩌면요." 존이 말했습니다. "제가 돌아가야 할 것 같군요. 저는 그동안 칼빈에게 많은 것을 배웠고, 이제 배운 것을 스코틀랜드에 있는 교회에 전달할 때가 온 것 같소."

1559년 5월 4일, 녹스가 에든버러로 돌아와 첫 번째 설교를 한 대상은 교회의 청중이 아니라 군대였습니다. 전쟁을 두려워했던 프로테스탄트들이 군대를 조직해 모였던 것입니다.

스코틀랜드 여왕 메리의 남편은 프랑스의 왕이었고,

두 사람은 함께 프로테스탄트에 맞설 군대를 일으켰습니다. 새로 생긴 개혁 교회들이 전멸될 가능성도 있었습니다. 하지만 그런 일은 일어나지 않았습니다. 잉글랜드는 군대를 북쪽으로 보냈고 프랑스 군대는 떠났습니다. 일은 아주 잘 풀리는 것처럼 보였습니다.

"앞으로 어떻게 될 것으로 보십니까?" 스코틀랜드 의회 의원들을 비롯한 여러 사람들이 녹스와 개혁자들에게 물어 왔습니다.

그 주제로 책을 썼던 존이 계획을 설명했습니다. "우리는 로마 카톨릭교회가 가진 종교적 의식없이 단순하게 예

> 알아두기

스코틀랜드의 메리 여왕

메리 여왕은 1542년에 태어났으며, 여왕의 아버지는 그녀가 출생한 직후 사망했습니다. 그 결과 메리는 어린 아기였을 때 스코틀랜드 여왕의 자리에 앉게 됐습니다. 다섯 살의 나이로 메리는 프랑스의 왕위를 계승할 후계자와 결혼 약속을 하게 됩니다. 그렇지만 1558년 결혼한 지 이년이 지난 후, 메리의 남편은 사망하고, 그녀는 다시 스코틀랜드로 돌아왔습니다. 메리는 다시 결혼을 하지만 1567년 두 번째 남편은 암살당합니다. 많은 사람들은 남편의 암살을 그녀가 계획했다고 의심했고, 그 때문에 메리는 감옥에 갇혀서 왕권을 어린 아들 제임스 6세에게 물려주게 됩니다. 메리는 마침내 영국의 엘리자베스 1세 여왕의 명령에 의해 1587년 2월 8일 포더린게이성에서 처형을 당했습니다.

배를 드릴 것입니다. 어떤 우상도 없으며 빵과 포도주가 주님의 실제적인 몸과 피라는 암시도 없을 것입니다. 우리를 통치하는 주교들도 없으며 교회의 머리가 되는 교황도 없습니다. 대신 장로들이 선출되고 그들의 임기는 한번에 1년이 될 것입니다. 그들이 목사를 도울 것입니다. 그리고 목사도 주교에 의해서 임명되는 것이 아니라 선거를 통해서 결정될 것입니다."

"예전에는 참 수치스러운 일들이 많았지." 그의 한 친구가 말했습니다. "주교들은 그리스도인이라서가 아니라 자신들의 청탁을 들어주었다는 이유로 사람들을 성직자의 자리에 앉혔지. 만일 여러 번 청탁을 하게 되면 그 때마다 교회를 하나씩 맡겼다네. 그들은 각 교회에서 돈을 받았고 때로는 전혀 아무 일도 하지 않았다네. 그뿐 아니라 때로는 고작 열한 살, 열두 살밖에 안 된 친구의 자녀들에게도 성직자의 직분을 주곤 했어!"

"각 교구에는 교회와 학교가 하나씩 있어야 하네." 친구가 말을 끝내자 녹스가 말을 이었습니다.

"정말 좋은 생각일세." 친구가 대답했습니다. "하지

만 어떻게 급료를 지불하겠나?"

"교회는 스코틀랜드에 수백 마일의 영토를 소유하고 있다네. 그 땅을 팔아야지."

"어떻게 그자가 감히 스코틀랜드를 위한 결정을 내린단 말인가!" 스코틀랜드 여왕 메리가 화를 냈습니다. "왕권을 가진 것은 바로 나야. 그가 아니라고!"

"그리고 어찌 감히 자네가 내 인생을 가지고 무슨 일을 하라 마라 할 수 있는가?" 녹스와 만난 자리에서 여왕이 고함쳤습니다. 메리 여왕은 너무나 화가 나서 녹스가 떠나자 분노의 눈물을 흘렸습니다.

"이번에는 도를 지나치게 넘어섰네." 1563년 녹스가 카톨릭의 미사에 반대하는 설교를 하자 여왕이 말했습니다. "이미 선을 한발 넘어섰어!" 여왕은 그 날 이후 존 녹스가 반역죄로 체포될 때까지 비난을 멈추지 않았습니다.

"이제 그자는 끝장이야!" 메리가 경고했습니다. "다시는 나를 괴롭히지 못할 것이다!"

하지만 녹스는 풀려났고, 여왕 메리는 4년 후 어린

아들 제임스에게 왕권을 물려줄 때까지 스코틀랜드의 개혁을 원하는 한 사람 때문에 평화로울 수가 없었습니다.

"편안하세요? 책 읽어드릴까요?" 1572년 녹스의 아내가 그에게 물었습니다. 녹스는 발작 증세로 고생하며 침상에 누워있었습니다.

"괜찮소." 그가 말했습니다. "나는 편안하다오. 지금은 그저 생각만 하는 것으로 만족한다오. 책은 나중에 읽어 주오." 그가 대답했습니다.

"무슨 생각을 하세요?"

존은 베개에 기대어 누웠습니다. "스코틀랜드를 생각하고 있소." 그가 말했습니다. "그리고 스코틀랜드가 겪어온 수난의 시대들을 생각하고 있소. 처음 로마 카톨릭 교회의 신부가 되었을 때, 나는 교회의 가르침이 잘못되었고, 사람들에게 교회가 아니라 예수님을 바라보아야 한다고 설교하면서 인생의 대부분을 보내게 되리라고는 상상도 하지 못했다오. 지금은 다만 스코틀랜드의 국교회라는 새로운 교회가 그 메시지를 잊지 않게 되기를 바라며 기도할 뿐이오."

"스코틀랜드를 개혁하기 위해 당신과 여러 종교 개혁자들이 참 많은 것을 희생했지요." 녹스의 부인이 말했습니다. "갤리선에서 보낸 수 개월이 당신에게는 끔찍한 세월이었어요."

"그랬지." 그가 인정했습니다. "하지만 나는 내 침상에서 죽음을 맞이하고 있지 않소. 화형을 당한 패트릭 해밀턴을 생각해보시오. 그가 무엇을 희생했는지. 그리고 내 친구 조지 위셔트는 또 어떻소. 그는 목이 졸려 숨지고 그의 시체는 불 태워졌소. 그들의 희생에 비하면 나의 희생은 아무것도 아니오."

긴 침묵이 흘렀습니다. '남편이 자고 있는 걸까?' 녹스 부인이 궁금해 했습니다. 하지만 존은 자고 있지 않았습니다.

"이제 내게 성경을 좀 읽어주시오." 그가 힘없이 말했습니다. "고린도전서 15장과 요한복음 17장을 읽어줘요."

그의 아내는 눈물을 흘리며 성경을 읽었습니다. "죽음아! 너의 승리가 어디 있느냐? 죽음아! 너의 찌르는 것이 어디 있느냐?"

그런 다음 요한복음 중에서 부인은 예수 그리스도의 기도를 읽었습니다.

"아버지, 제가 있는 곳에 아버지께서 제게 주신 이 사람들이 저와 함께 있게 하여 주시기를 원합니다. 아버지께서 세상이 창조되기 전에 저를 사랑하셔서 아버지께서 제게 주신 그 영광을 그들로 보게 해 주십시오."

이 말씀은 존 녹스가 이 땅에서 들었던 마지막 말씀이었습니다. 이 말씀을 들은 직후, 존은 이 세상을 떠나 예수님과 영광 중에 함께 했습니다.

기억하기

존은 죽기 전에 아내에게 성경을 읽어달라고 부탁했습니다. 그 성경구절은 "승리가 죽음을 삼켜 버렸다"였습니다. 이 말씀은 예수님께서 우리의 죄를 위해서 십자가에 달려 돌아가셨고, 또 다시 부활하셨기 때문에 죽음이 패배했다는 것을 의미합니다. 그리스도인은 죽어도 그들의 영혼은 죽음이 결코 다시 그들에게 미칠 수 없는 천국에서 영원한 삶을 누립니다.

 생각하기

 존 녹스는 자신이 그리스도를 따르다가 겪은 고통이 패트릭 해밀턴이나 조지 위셔트의 고통만큼 크지는 않았다는 사실을 깨달았습니다. 그들은 그리스도를 따르다가 목숨을 잃었습니다. 존에게는 어떤 희생이 뒤따랐나요? 바로 고난과 투쟁이었습니다. 여러분은 그리스도를 따르고 있나요? 그로 인해 무엇을 잃었나요? 예수님께서는 제자들에게 자신의 십자가를 지고 예수님을 따르라고 말씀하셨습니다. 이 말은 하나님의 말씀에 순종하며 진리를 지키라는 뜻입니다. 망설이지 마세요. 포기하지도 마세요.

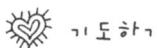 기도하기

 사랑하는 하나님, 주님께서 당하신 고통을 생각할

때마다 너무나 마음이 아파요. 우리의 죄를 대신해서 죄 값을 치르시기 위해 그 고통을 당하신 것 감사드립니다. 하지만 다시 부활하셨고 주님이 죄와 죽음을 물리치셨다는 것을 배웠습니다. 주님을 믿고, 주님의 능력을 끝까지 믿을 수 있도록 도와주세요. 예수님의 이름으로 기도드립니다. 아멘.

샤프츠베리 경
Lord Shaftesbury(1801~1885, 영국)
영국의 링컨, 버림받은 어린이들의 친구

"영국의 링컨이요 버림받은 어린이들의 친구"라고 불렸던 그는 귀족이었지만 정신질환자와 가난한 어린이와 근로자들을 위해 국회에서 60여 년 동안 일했습니다. 당시 영국에는 산업혁명이 일어날 때여서 어린이들이 공장과 탄광에서 보호받지 못하고 위험한 상태에서 일을 했습니다. 그래서 그는 1833년 2월에 9세 이하의 어린이 고용 금지를, 18세 이하 청소년의 10시간 이상 노동 금지를 요구하는 법안을 의회에 제출, 통과시켰습니다. 1860년에는 12세 이하 어린이 고용금지를 이끌어 냈고, 1872년에는 안전조치를 의무화하는 등 끊임없이 어린이와 소외된 사람들을 위해 헌신했습니다. 어린이 여러분도 지금부터 여러분의 도움이 필요한 사람들이 없는지 눈여겨 보세요. 그리고 작은 것이라도 그들에게 도움을 줄 수 있다면 하나님이 기뻐하실 것입니다.

Lord Shaftesbury

　　어린 안토니 애슐리는 아버지가 자기보다 세살 많은 누나들을 호되게 꾸짖는 소리를 듣고 무서워서 벌벌 떨었습니다. "누나들이 시끄럽게 굴었나?" 그는 궁금했습니다. "아니면 아버지가 뭘 묻지도 않으셨는데 먼저 말을 꺼냈나?" 아버지를 화나게 하는 일들은 너무 많았고, 그럴 때마다 여섯 살 난 안토니는 근심에 떨어야 했습니다. 심지어 뱃속까지 떨리는 것 같았고 그런 일이 있을 때 간혹 토하는 바람에 혼쭐이 나기도 했습니다.

　　갑자기 뭔가가 그의 팔을 건드려서 너무 놀라 뛰어

올랐습니다. 발이 진짜 땅바닥에서 떨어져 튀어오를 정도였습니다. "괜찮아요." 부드러운 목소리가 들렸습니다. "시끄러운 소리를 그렇게 듣고 있지 말고 방으로 들어오세요." 마리아가 부드러운 목소리로 그의 긴장을 누그러뜨리자 아이는 안심하기 시작했습니다. 하지만 방문이 닫히자 안토니의 작은 다리는 힘이 빠지고 결국 울면서 바닥에 넘어졌습니다. 애슐리 가(家)의 네 아이를 돌보는 일을 하고 있던 마리아가 가만히 앉더니 소년을 무릎위로 부드럽게 들어올렸습니다.

"우리는 왜 모두 이렇게 슬퍼야 해요?" 고개를 든 안토니는 눈물이 가득 고인 마리아의 얼굴을 바라보며 물었습니다.

"도련님의 아빠와 엄마는 매우 중요한 일을 하시는 분들이에요." 그녀가 설명했습니다. "그렇기 때문에 일을 방해하면 화가 나시는 거죠."

마리아를 보며 안토니는 그녀가 사실을 말하고 있음을 알았습니다. 하지만 부모님의 인생에는 중요한 일들이 너무나도 많이 생겨서 자신은 늘 방해가 된다고 느껴졌습니다.

"나는 도망가고 싶어요." 안토니가 코를 세게 풀며 말했습니다. "자고 있는 건가요?" 안토니는 눈을 감고 있는 마리아를 보고 이렇게 물었습니다.

"아니요, 안토니 도련님." 그녀가 대답했습니다. "기도하고 있어요."

"나를 위해서도 기도해 주겠어요?" 그가 부탁했습니다.

마리아는 안토니를 꼭 안아주었습니다. "도련님들과 아가씨들을 위해서 매일 매일 기도하고 있어요."

"하나님께서 마리아의 기도를 들으실까요?" 그가 물었습니다. 마리아는 안토니의 눈을 바로 쳐다보기 위해 그를 자기 앞에 세웠습니다. "안토니 도련님." 마리아는 매우 부드럽지만 진지한 목소리로 말했습니다. "하나님께서는 모든 것을 다 듣고 계세요. 도련님이 꾸중을 들을 때의 한마디 한마디를 모두 들으시고, 도련님이 흘리는 눈물 한 방울 한 방울도 모두 보시죠. 만일 도련님이 도망가고 싶으시다면 안전하게 숨을 곳은 한 곳 뿐이랍니다."

하녀의 음성에서 뭔가 심각한 것을 알아챈 그는 매

우 주의 깊게 마리아의 말을 들었습니다. "그게 어딘데요?" 그가 물었습니다.

"이 세상에서 안전한 곳은 오직 예수님의 품 안이랍니다." 그녀가 설명했습니다.

안토니는 슬퍼보였습니다. "하지만 거기는 죽어야만 갈 수 있는 곳이잖아요. 그러니까 앞으로도 한참이 남았겠군요."

안토니를 다시 무릎 위로 끌어 앉혀 따뜻하게 안아주면서, 마리아는 만일 안토니가 주 예수님을 믿으면 안토니가 겪게 될 고난으로부터 보호하시고 그분의 품 안에 안토니를 안전하게 지켜주실 것이라고 설명했습니다.

그로부터 일 이년 후 학교에 가게 됐을 때만큼 안토니 애슐리에게 그 위로의 말씀이 더 필요했던 적은 없었습니다. 눈물을 보이면 아버지가 화를 내실 거라고 알았던 안토니는 집을 떠나면서 자기가 사랑했던 마리아와 그저 악수만 나눌 수 있었습니다. 아버지가 볼 수 있었던 것은 그 뿐이었습니다. 아버지가 보지 못하는 사이에 마리아는 이 젊은 학자에게 새 학교의 교복을 입혀주면서 함께 눈물을 흘렸고 안토니를 따뜻하게 안아주고 기도해주었습니다. 마리아와 누나들을 그리워하겠지만, 집을 떠나는 것이 마음 아프지는 않았기 때문에 학교로 떠나면서 눈물을 흘리지는 않았습니다.

"이봐, 이것 좀 들고 가!" 새로운 학생이 눈에 띄자마자, 한 상급생이 이렇게 명령했습니다. 안토니는 당황한 듯 보였습니다. '나에게 한 말이었을까?' 얼굴로 날아드는 주먹에 한대 맞고 난 다음에야 그 말이 자기에게 한 말이었음을 깨달았습니다. 하지만 책을 집어 올리기도 전에, 주먹을 날린 학생과 함께 다른 두 학생들이 안토니에게 덤벼들어 아버지가 그랬던 것처럼 그를 때리기 시작했습니다. 그런데 갑자기 공격이 멈췄습니다. "일어나라!" 선생님이 말했습니다. 세 명의 학생들은 곧바로 움직이지 않으면 선생님의 구둣발에 옆구리를 채일 것임을 알고 있었기 때문에 재빨리 일어섰습니다. 하지만 안토니는 새 학교의 일부 선생님이 학생들만큼이나 심술궂으며 잔인하다는 것을 깨달지 못한 채 충분히 빨리 움직이지 못했기 때문에 선생님의 심술궂고 힘센 발차기를 피할 수 없었습니다.
"빨리 일어나!" 선생님이 고함쳤습니다.

시간이 가면서 상황은 더 나빠졌고 때로는 오로지 마리아에 대한 기억만이 안토니를 견뎌낼 수 있도록 해주었습니다. 그리고 자신을 사랑해주었던 그 하녀를 기억할 때면 그녀가 해주었던 말이 떠올랐고 그러면서 안토니는 모든 문제들을 기도로 하나님께 맡겼습니다.

하지만 소년들이 그에게 행했던 폭력은 어느 날 집으로부터 온 편지에서 그의 유일하고 진실한 친구가 죽었다는 소식을 접했을 때의 충격에 비하면 아무것도 아니었습니다. 마리아가 예수님과 함께 있다는 사실을 알기는 했지만, 그는 마리아가 늘 자기와도 함께 있어주기를 그리고 그 끔찍한 학교를 떠날 수 있게 되기를 너무도 간절히 바랐습니다. 마리아가 죽은 이상 안토니가 바랄 수 있는 마지막 희망은 방학 동안 집으로 돌아가는 것이었습니다.

1809년 안토니가 아홉 살이 되었을 때, 그의 아버지는 샤프츠베리의 백작이 되었고, 가족들은 런던을 떠나서 세인트질스에 있는 웜번 도르셋의 대저택으로 이사했습니다. 안토니는 저택 주변의 토지를 돌아보면서 아버지의 화를 피할 수 있었습니다. 하지만 마리아가 유언을 통해 그에게 금시계를 남겨주었기 때문에 식사 시간에는 정확하게 돌아왔습니다. 안토니는 나이 들고 유명해진 후에도, 늘 이 시계를 몸에 지니고 다녔습니다.

삼 년 후 열두 살이 되자, 안토니의 부모는 그를 잉글랜드에서 가장 명성 있는 학교 중 하나인 해로우로 보냈습니다.

"이번엔 어떤 학교일지 궁금하군." 처음 학교로 가기 위해 여행하면서 그는 생각했습니다. "초등학교보다 더 나쁘지는 않을거야. 어느 학교도 그 정도로 나쁘지는 않을 테니까."

해로우는 결코 나쁘지 않았습니다. 사실, 훨씬 더 좋았습니다. 그는 곧 친구들을 사귀고, 선생님들을 알게 됐으며, 어느 때 보다도 더 안정된 삶을 살 수 있게 되었습니다. 하지만 자신의 어린 시절을 잊어버리지는 않았습니다.

"만일 내게 자식이 있다면…" 그는 종종 생각했습니다. "나는 마리아가 날 대해줬던 것처럼, 자식을 대할 거야. 아이들에게 자상하고, 책을 읽어주고, 함께 놀아주기도 하면서 말이야." 잠시 동안 안토니는 자기 아버지가 자신에게 책을 읽어주고 같이 놀아주는 상상을 해보려고 했지만 불가능했습니다.

"이게 무슨 소리지?" 해로우 학교 근처를 걷고 있던 어느 날 안토니를 궁금하게 만드는 소리가 들렸습니다. 하지만 무슨 일인지 알아보러 갔던 안토니는 금방 후회하고 말았습니다. 길모퉁이를 돌아가자, 예전에 본 것과는 매우 다른 장례 행렬이 눈에 띄었습니다. 구호 장례, 즉 관값을 지불할만한 돈도 남기지 못하고 죽은 사람을 위한 장례였는데, 술 취한 사람 네 명이 싸구려 관을 어깨에 지고 거의 떨어뜨릴 것처럼 걸어가고 있었습니다. 그들이 부르는 장송곡도 정말 말이 안 되는 노래였습니다. 그 장면에 눈길을 떼지 못한 채, 십대 소년 안토니는 관이 쓰레기처럼 땅 속으로 던져졌던 무덤까지 따라가서 "어떻게 해야 할 지 아직 잘 모르겠지만, 나는 저 죽은 사람처럼 불쌍한 사람들을 위해, 내가 할 수 있는 모든 것을 다 할 거야"라고 자기 자신에게 약속했습니다. 학교로 걸어 돌아가면서, 그는 자신이 봤던 장례 모습을 다시 생각하며 몸을 떨었습니다.

백작은 자기 아들이 군대에 가기를 원했지만 안토니는 대학에 갔고, 스물다섯의 나이로 하원 의원이 됐습니다.

"가난한 사람을 위해 환경을 개선할 수 있는 방법은 오직 법을 바꾸는 것뿐이야." 안토니는 종종 이렇게 말했습니다. "그것이 바로 내가 의회에 몸담은 유일한 이유지."

"가난한 사람들을 대변하는 것으로는 부자가 될 수 없네." 대학에서 알게 된 한 친구가 말했습니다. "그리고 그런 일을 해서는 친구를 사귈 수도 없지."

"당신의 말을 도저히 믿을 수가 없군요." 안토니는 자신을 만나러 온 사람에게 말했습니다.

"다섯 살도 안된 어린 아이들이 공장과 탄갱에서 일하고 어떤 때는 하루에 열다섯 시간을 일한다고 말씀하신 겁니까?"

그 사람은 고개를 끄덕였습니다. 하원 의원은 믿지 못하겠다는 듯이 고개를 흔들며 자리에 앉았습니다. "하지만 겨우 다섯 살짜리 어린 아이가 탄갱에서 무슨 일을 할 수 있겠습니까?"

깊은 한숨을 들이쉬며 방문객은 말을 시작했습니다. "제가 만난 다섯 살짜리 여자아이에 대해서 말씀드리죠. 그 아이는 몸집이 작고 심지어 나이보다도 더 어려 보였습니다. 아이는 아침 네 시에 지하 갱으로 내려가서, 주로 저녁 다섯 시까지 그 곳에 있지요. 아이는 온 종일 칠흑같이 어두운 터널의 나무 문 바로 안쪽에 쭈그리고 앉아있습니다. 트랙을 따라서 석탄이 운반되는 소리가 들리면 나무문을 열고 운반차가 지나가게 하는 거죠. 운반차를 밀고 올라오는 것도 주로 그 아이보다 조금 밖에 더 크지 않은 어린이랍니다. 하지만 안이 너무 어두워 서로 볼 수는 없지요."

"하지만 왜 그렇게 어린 아이들에게 일을 시키는 겁

니까?" 안토니가 물었습니다.

"터널은 좁고 낮아요." 방문객이 설명했습니다. "아이들과 몸집이 작은 여성들만이 겨우 기어 다닐 수 있죠. 아니면 정말 심하게 굶주린 사람들이나 그런 일을 하겠지요."

방문객은 자신의 얘기를 들은 안토니의 눈에서 흘러내리는 눈물을 보고 놀랐습니다. 그뿐 아니라 하원 의원이 눈물을 흘리는 것을 부끄러워하지 않는다는 사실에 더욱 놀랐습니다.

"차라리 공장에서 일하는 아이들이 훨씬 낫겠군요." 안토니가 말했습니다. "적어도 그 아이들은 햇빛이라고 볼 수 있으니까요."

"공장에 창문이 있기는 하지요." 방문객은 안토니의 말을 인정하는 듯 했습니다. "하지만 공장에서 일하는 아이들은 고개를 들어서 햇볕을 내다볼 만한 시간이 없습니다. 아이들은 일년에 반을 어두울 때 공장에 나와서 다시 어두워질 때까지 떠나지 못합니다. 탄갱에서 일하는 아이들만큼이나 긴 시간을 일하기 때문이지요. 기계의 소음이 너무 심해서 그 안에서는 아무 말도 들을 수 없고, 그 아이들이 성장하고 난 다음에는 거의 청력을 잃어버리게 되기도 한답니다."

안토니는 자신의 아이들을 생각해 보았습니다. 여름 햇볕 아래에서 뛰놀던 긴 시간들과, 아이들과 함께 했던 즐거운 시간들, 여러 가지 놀이들… 방문객의 이야기가 계속됐습니다.

"하루 일과를 마칠 때가 되면 아이들은 너무 지쳐서 어떤 때에는 집에 실려 가야 할 때도 있습니다. 그것도 하루를 잘 버텼을 때의 일이죠."

"무슨 뜻입니까?" 하원 의원이 물었습니다.

"안타깝게도 많은 아이들은 공장의 기계 때문에 심각한 상처를 입고, 심지어는 죽기도 합니다. 사고를 예방할 길은 거의 없고, 아이들은 스스로를 돌보기에 너무나 지쳐있지요."

안토니는 몸을 떨었습니다. "고맙습니다." 그는 방문객에게 말했습니다. "당신이 내 눈을 뜨게 했습니다."

다음 주일에 안토니는 아내와 아이들을 데리고 교회에 갔습니다. 사람들이 찬송가의 한 구절을 부르고 있을 때, 이 동정심 많은 사람의 귀에는 그 가사가 생전 처음 듣는 것처럼 들렸습니다.

하나님께서 부요한 자에게는 부요함을 주셨고
가난한 자에게는 그러한 처지를 주셨으니,
모든 사람은 하나님이 허락하신 자리에서
주님을 찬양하는 노래를 해야 하네.

그는 노래를 멈췄습니다. '이것은 진실이 아니다!' 그가 생각했습니다. '이것은 정녕 진실이 아니다! 하나님은 부요한 사람이 더욱 부요하게 되고, 가난한 사람이 굶어죽기를 원하지는 않으신다. 사랑의 하나님은 부요한 어린이의 방에는 장난감이 가득하고, 가난한 어린이들은 탄갱 속에 갇혀있기를 원하시는 분이 아니다. 나는 오늘부터 내 마음을 다해 짐승보다 못한 대접을 받고 있는 아이들을 위해 일할 것이다.' 안토니의 아들은 왜 아버지가 노래를 멈췄는지 궁금했습니다.

안토니는 아이들에게 하루 열 시간 이상 노동 시키는 것을 금하는 법을 의회에서 통과시키기 위해 몇 년 동안 힘들게 노력했습니다. 하원의 많은 의원들이 자기 소유의 공장이나 탄광을 가지고 있었기 때문에, 그들은 분명 그 법이 통과되는 것을 원치 않았습니다. 만일 그 법이 통과되면, 더 많은 아이들을 고용해야하고, 그렇게 되면 돈을 더 많이 써야하기 때문입니다. 상당수의 하원 의원들은 아이들의 고용시간을 줄인 법안이 상정(어떤 의견을 내놓음)될 때마다 반대했습니다. 하지만 사랑이 결핍된 어린시절을 보냈던 안토니는 온 마음을 다해 가난한 어린이들을 사랑했습니다.

  그는 의회에서 친구를 잃고 적도 만들었지만, 싸움을 계속했습니다. 그의 아버지는 그가 하는 일에 전혀 관심을 보이지 않았지만 그의 아내는 늘 그를 후원했습니다. 안토니처럼 그녀도 역시 그리스도인이었고 또한 어린이들을 사랑하는 마음을 가지고 있었습니다. 많은 노력과 끊임없는 기도와 엄청난 눈물의 시간 끝에 결국 그 법은 통과됐습니다.

> **알아두기**
>
> **에로스 상**
> 피커딜리 서커스에 있는 에로스 상(像)은 샤프츠베리 경(卿)을 기념하기 위해 세워졌습니다. 하지만 여성과 10세 이하의 소년, 소녀들을 탄광에 고용하는 것을 금지한 1842년의 탄광법(the Mines Act)은 그를 기억하게 해주는 더욱 영구적이며 뜻깊은 기념물입니다. 샤프츠베리 경은 또한 보건, 교육, 정신병자 보호사업 발전을 위해 많은 노력을 했습니다.

"아버지 인생에서 하신 일 중에 가장 중요한 일은 무엇이었어요?" 그의 자녀 중 하나가 안토니에게 물었습니다. 안토니의 아버지는 사망한 후였고, 안토니가 샤프츠베리의 백작이 되었을 때였습니다. 하지만 그런 것은 그에게 중요하지 않았습니다.

"아이들의 노동시간을 줄이게 만든 법을 통과시킨 건가요?" 딸이 물었습니다. 안토니는 대답하기 전에 생각해 보았습니다.

"내 생각에 더 중요한 일은, 하나님께서 어떤 사람들에게는 부자가 될 권리를 주시고, 다른 사람들은 영영 가난하게 살도록 만드신 것이 아니라는 사실을 교회에 일깨워준 것이란다. 그리스도인들이 그 사실을 인정하기 시작하면서, 그들은 공장에서 일하는 아이들과 탄갱 속에서 일하는 아이들을 위해서 뭔가를 해야겠다고 생각하고 그 일에 관심을 갖게 되었지."

"그래서 아버지는 런던씨티선교(London City Mission)를 후원하시는 거예요?" 딸이 물었습니다.

"그렇단다. 그리스도인들이 가난한 사람들이 겪고 있는 고통을 제대로 보게 됐기 때문에 그 선교회가 생겨나게 된 거지. 선교사들이 런던의 어두운 구석을 살피면서, 그들의 도움을 가장 필요로 하는 사람들을 찾고, 예수님을 가장 필요로 하는 사람들을 찾는 모습을 보면 내 마음이 감동된단다." 그리고 그는 이렇게 결론을 내렸습니다. "사랑하는 딸아, 처음에 교회는 예배에 출석하는 좋은 사람들에게만 관심을 보였단다. 하지만 이제 교회는 소외된 이웃들을 돌보기 시작했지."

 기억하기

샤프츠베리 경은 어느 날 찬송을 부르다가 자신이 부르는 찬송의 내용이 잘못됐음을 깨달았습니다. 책

을 읽을 때 "과연 이것이 진실일까?"하는 질문을 던져 보는 것이 중요합니다. 올바른 결정을 내리기 위해, 자신의 생각과 하나님의 말씀을 활용하십시오. 하나님께서 그것에 대해 뭐라고 말씀하시나요? 샤프츠베리 경은 부자들은 부요하고 가난한 사람들은 가난하며, 세상은 원래 그런 것이라는 말이 잘못된 것임을 깨달았습니다. 하나님께서는 우리에게 가난한 자들을 불쌍히 여기라고 말씀하십니다(잠 14:31).

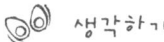 생각하기

샤프츠베리 경은 어릴 때 자주 두려움에 떨었습니다. 하지만 죽은 후에야 예수님께 갈 수 있다고 생각했습니다. 그러나 예수님께서 약속하셨습니다. "내가 너와 항상 함께 하리라." 여러분의 미래가 걱정되나요? 불량배들 때문에 겁이 나기도 하죠? 낯선 곳에 가기가 두려우세요? 우리를 위해 모든 염려를 대신 해주시는 하나님께 고민을 맡기십시오. 하나님께 여러분을 인도해달라고 기도 하십시오. 누구와 함께 고민

을 나눠야 할지를 알려달라고 기도하십시오. 하나님께서는 여러분을 사랑하기 때문에 기꺼이 여러분을 도울 수 있는 사람들을 늘 준비해 놓고 계십니다.

기도하기

사랑하는 하나님, 저에게 어려움이 있을 때, 마음과 생각의 평안을 주세요. 옳은 일을 하며 다른 사람들을 도울 수 있는 힘도 주세요. 주님을 사랑하며 주님께 순종할 수 있도록 도와 주세요. 주님께서 제 삶에 가장 중요한 분이 되시기를 원합니다. 예수님의 이름으로 기도드립니다. 아멘.

오, 주님 저를 당신의 평화의 도구로 써 주소서.
미움이 있는 곳에 사랑을
다툼이 있는 곳에 용서를
의혹이 있는 곳에 믿음을 심게 하소서
절망이 있는 곳에 희망을
어두움이 있는 곳에 빛을
슬픔이 있는 곳에 기쁨을 심게 하소서
오, 거룩하신 주님.
제가 위로받으려 애쓰기보다는 위로할 수 있도록
사랑받으려 애쓰기보다는 사랑할 수 있도록 도와 주소서
우리는 줌으로써 받고 용서함으로써 용서받으며
죽음으로써 영생을 얻기 때문입니다.

평화의 기도

토마스 찰머스
Thomas Chalmers(1780~1847, 영국)
가난한 사람들을 사랑으로 돌보다

찰머스 목사님은 늘 어린이를 사랑했습니다. 그래서 13명으로 시작한 주일학교는 1,200명이 넘게 되었습니다. 그 많은 아이들을 가르치면서도 그는 항상 가난한 사람들을 위해 무엇인가를 해야 한다고 생각했습니다. 드디어 그는 당시에 정부나 교회의 구호사업이 낭비적이고 또 가난한 사람들의 자립의지를 없앨 수도 있다고 판단하고 개인적으로 구호 단체를 만들었습니다. 그는 목사님이고 대학에서 교수로도 가르쳤지만 그의 마음속에는 늘 가난한 사람들을 돕기 위한 일로 가득했습니다. 찰머스가 일찌기 시작한 가난한 사람들을 위한 아이디어와 일들은 50여 년이 지난 훗날 런던 시에 최초로 자선조직협회(London Charity Organization Society)가 만들어지는 기초가 되었다고 합니다. 어린이 여러분들도 하나님께 지혜를 구하면 토머스 찰머스처럼 멋지고 훌륭한 일을 해낼 수 있습니다.

Thomas Chalmers

　　토마스와 형 윌리엄은 여섯 명의 남자가 고깃배를 저어 안스트루더 항구에서 스코틀랜드 동쪽해안으로 빠져나가는 것을 지켜보며 바닷가에 서있었습니다.
"바람이 불고 있어." 윌리엄이 말했습니다. "바닷가 쪽으로 가까이 있는 것이 안전할 텐데."
"물고기가 있는 곳으로 가야할거야." 토마스가 말했습니다. "요즘 물고기가 별로 안 잡혔잖아. 분명히 사람들은 필사적으로 고기를 잡으려고 할 거야."
"어떻게 그런 생각을 하게 됐니?" 형이 물었습니다.

"아버지께서 하시는 얘기를 좀 들었어." 토마스가 설명했습니다. "주일에 교회를 나올 때, 아버지가 장로님들에게 고기를 계속 잡지 못하게 되면 안스트루더에도 끼니를 굶는 아이들이 생겨날 거래."

"굶는 아이들 중에 우리는 포함되지 않으니 운이 좋은 거야." 윌리엄이 말했습니다. "집에 가면 식탁에 먹을 것이 많을 거야."

"그런데 빨리 가지 않으면 아마 음식이 쌓이게 될 거야."

소년들은 주머니 깊숙이 손을 집어넣은 채 집으로 향했습니다.

"이 시끄러운 소리 좀 들어봐!" 집에 도착한 후 윌리엄이 웃으며 말했습니다.

토마스도 고개를 끄덕였습니다. "그래서 나는 바닷가를 좋아해. 시끄럽지 않고 생각할 수 있는 평온함이 주어지는 유일한 곳이니까 말이야!"

"이렇게 형제 자매들이 많은 집에서 뭘 기대해?" 형이 놀렸습니다. 동생이 빙그레 웃으며 말했습니다. "누나와 형들 다섯 명은 괜찮은데."

"기대를 하지 말아야지." 토마스보다 한살 남짓 더 많은 윌리엄이 웃었습니다.

"저렇게 시끄럽게 구는 애들은 다 동생들이란 말이야."

"나도 무슨 말인지 알아." 형이 동의했습니다. "벌써 형제들이 열세 명이나 되는데 엄마는 또 하나를 임신 중이시잖아. 앞으로 얼마나 더 동생이 생길지 궁금해."

"이제 그만 생겼으면 좋겠어." 토마스가 말했습니다. "집 안 아무데서도 공부할 만한 여유가 있는 공간이 없잖아."

윌리엄은 입이 찢어져라 웃어댔습니다. "언제부터 그 일로 괴로워 한거야?" 한참 만에 웃음을 참고 이렇게 물었습니다.

토마스 찰머스는 빙그레 웃으면서 문을 밀고 들어가 아이들의 떠드는 소리보다 더 크게 외쳤습니다. "어머니, 다녀왔습니다. 차 마실 시간인가요?"

아버지 찰머스 씨가 식사기도를 드릴 때, 식탁 위에는 빵과 귀리 비스킷, 딱딱한 치즈와 부드러운 치즈,

커다란 버터 덩어리, 구즈베리 잼 한 사발과 풍성한 거품으로 덮인 우유병이 있었습니다. 하지만 가족들이 식사를 다 마칠 때 쯤이면 식탁 위에는 겨우 약간의 부스러기만 남았습니다.

"요즘 고기가 그렇게 안 잡히나요?" 식탁에서 일어나기 전, 윌리엄이 아버지에게 여쭈었습니다.

"그렇단다." 아버지가 대답했습니다. "안스트루더에는 좋지 않은 소식이지. 오늘 저녁에도 아무것도 먹지 못한 채 잠자리에 드는 아이들이 있을 거야. 우리가 먹은 음식에 대해 주님께 감사하는 마음을 가졌으면 좋겠다. 모든 가족들이 다 그렇게 먹을 수 있는 것은 아니거든."

"언젠가는 우리도 가난해질 수 있나요, 아빠?" 어린 딸 하나가 물었습니다.

찰머스 씨는 딸을 보며 자상하게 미소 지었습니다. "우리는 은행에 저축한 돈이 있을 만큼 축복받았단다." 그가 설명했습니다. "가난한 사람들은 주머니에 있는 돈이 전부이고, 그 돈이 떨어지면 굶주리게 되지."

"우리가 그 사람들을 돕기 위해 할 수 있는 일은 없을까요?" 토마스가 물었습니다.

"너희 어머니와 내가 할 수 있는 일을 하고 있단다." 아버지가 말했습니다. "너희들도 어른이 되어 스스로 돈을 벌 수 있는 능력이 생기면 그렇게 하기를 바란다."

토마스는 아버지의 말씀을 마음속에 담아두었습니다. 그리고는 공을 집어 들며 형에게 같이 놀자고 말했습니다.

찰머스 부인은 창문에서 아들들을 바라봤습니다. 그녀는 온 가족이 함께 하는 이런 여름 저녁을 좋아했습니다. 때로는 바람이 불어 이리저리 날아다니는 공을 쫓아 다니는 아이들의 모습을 보는 것까지도 즐거웠습니다.

'참 이상한 일이야.' 부인이 생각했습니다. '토마스는 형제들 중 중간에 태어났는데도 리더 노릇을 하고 있으니 말이야. 지금도 보면, 아이들을 모두 배치시키고, 공이 날아가면 누가 달려가야 할지를 결정하고 있잖아. 아직은 일을 처리하는데 능숙하지 않지만 총명한 것만은 틀림없어. 저 큰 머리 속에 훌륭한 두뇌가 들어있는 게 확실해. 그리고 저 아이 웃는 모습까지도 보기 좋아!' 이런 생각으로 부인은 웃음을 지었습니다. '토마스는 마을에 있는 대부분의 아이들보다 더 크게 웃고, 더 빨리 달리고, 더 운동도 잘하고, 더 재치 있어. 하지만 애가 성격도 좋아서 아이들하고도 잘 지내고 있지.'

"무슨 생각을 그렇게 하고 있소?" 찰머스 씨가 아내의 얼굴에 비친 미소를 보면서 이렇게 물었습니다. 아내가 자기의 생각을 말하자 그도 고개를 끄덕였습니다. "토마스는 뛰어난 아이야." 찰머스 씨가 말했습니다. "하지만 정신을 바짝 차리고, 일이 돌아가는 법을 배워야해." 그는 자기가 하려는 말이 아내를 놀라게 할 것이라는 사실을 알면서도 이야기를 계속했습니다. "내 생각에는 이번 가을에 윌리엄과 함께 토마스도 대학에 보내면 좋을 것 같소."

찰머스 부인 얼굴의 미소가 갑자기 사라졌습니다. "하지만 토마스는 아직 열두 살도 안됐어요." 그녀가 말했습니다.

"그렇지만 윌리엄도 토마스보다 불과 십 몇 개월 밖에는 빠르지 않소." 남편이 지적했습니다. "두 아이가 함께 학교를 다니면 토마스도 적응을 하고 공부하게 될 거요. 토마스의 선생님도 아이가 잘 해낼 거라고 하시더군."

몇 달 후인 1792년 가을, 윌리엄과 토마스 찰머스는 세인트 앤드류 대학에서 학업을 시작했습니다.

"꼭 편지 쓰도록 해라." 아이들을 떠나보내면서 어머니가 말씀하셨습니다. 윌리엄은 열세 살이었고, 동생은 열한 살이었습니다.

처음 방학을 맞아 집으로 돌아왔을 때, 아버지는 학교에서 무엇을 배웠는지 매우 알고 싶어 하셨습니다. 토마스는 자기가 좋아하는 수학에 대해서 이야기하기는 했지만, 고향에 있을 때처럼 대학에 가서도 자신의 주요 관심사는 예전처럼 달리기와 풋볼, 핸드볼 같은 운동이었고 특히 핸드볼 실력 때문에 자기가 꽤 유명해졌다는 말을 하지는 않았습니다. 어떤 이유에선지 모르지만 토마스는 그런 이야기는 아버지가 가장 듣고 싶어 하실 내용이 아니라고 생각했습니다.

"대학을 졸업하면 뭘 하고 싶니?" 동네 한 어부가 방학동안 고향에 내려와 있던 토마스에게 물었습니다.

"전 목사가 되고 싶어요." 지난 몇 년간 늘 그랬던 것처럼, 토마스가 대답했습니다. "뭔가 다른 일을 하고 싶다는 생각은 해본 적이 없는 것 같아요."

"하지만 네 흥미를 끌만한 다른 일을 배울 기회가 없어서겠지." 어부가 물었습니다.

"배우고 있어요." 토마스가 대답했습니다. "수학이요. 전 수학을 무척 좋아해요. 하지만 목사가 되고도 수학 공부는 할 수 있어요."

교회의 장로였던 그 어부는 젊은 토마스에 대해 이상하게 여겼습니다. "토마스의 부모님이 신실한 그리스도인이긴 한데." 바닷가를 산책하는 토마스의 뒷모습을 보면서 어부는 생각했습니다. "목사가 되고 싶어 하긴 해도 토마스가 예수님에 대해 잘 알고 있는 것 같지는 않군."

토마스 찰머스는 열다섯 살이 되자 신학 공부를 시

작했으며 1803년에는 고향 파이프에 있는 한 교회의 목사가 되었습니다. 어렸을 때 생각했던 것처럼, 그는 목회를 하면서 자신의 모교에서 수학을 강의했습니다. 하지만 몇 년 후 형과 누나가 한 명씩 죽는 일을 경험하고, 토마스 자신도 몇 달 동안 병으로 고통받게 되자, 그는 삶에 대해 다시 한번 진지하게 생각해봐야 했습니다. 건강이 회복되면서 그는 자기 삶의 우선순위가 온통 잘못됐다는 사실을 깨달았습니다. 토마스는 한 친구에게 보낸 편지에서 "나는 내게 주어진 모든 재능과 시간을 복음을 옹호하고 증거 하는 데 쓰기로 결심했다네"라고 했습니다. 그리고 그는 정말 그렇게 했습니다.

1815년 토마스는 아내 그레이스와 함께 파이프를 떠나 글래스고우라는 큰 도시의 목사가 됐습니다.

"교회 주변에 살고 있는 아이들을 위해서 뭔가를 해야겠습니다." 그는 교회의 장로들에게 말했습니다. "많은 아이들이 주 예수님에 대해 전혀 알지 못합니다. 그래서 이 지역에 살고 있는 모든 사람들을 심방

해야합니다. 제 계산으로는 만 천 명이 넘는 사람들이군요."

장로들은 너무 놀랐지만 결국은 그 일을 하는데 동의했습니다.

"중요한 일부터 먼저 해야 합니다." 목사가 말했습니다. "어떻게 하면 아이들과 가까워질 수 있겠습니까?"

사람들은 그 일에 대해 의견을 나누고 함께 기도한 후, 아이들을 위한 주일저녁 성경학교를 만들기로 결정했습니다. 첫 모임에는 열세 명이 참석했습니다. 2년이 지나자 아이들의 수는 천 이백 명이 됐습니다.

어느 주일 성경학교를 마치고 돌아온 토마스가 난로가에 앉아 생각했습니다. "참 이상한 일이야." 그는 옛날 일을 생각하며 미소를 지었습니다. "어렸을 때는 형제가 열세 명이나 돼서 제발 부모님이 이제 동생들을 그만 낳으셨으면 좋겠다고 윌리엄 형과 이야기 했던 기억이 난다오. 이곳에서 열세 명으로 성경학교를 시작할 때는 그 인원이 적다고 생각했는데 이제는 어느덧 천 이백 명에 다다르는 대가족으로 성장했소. 어렸을 때는 열세 명의 아이들도 끔찍하게 많다고 여겼는데 생각이 얼마나 달라졌는지 모른다오."

"성경학교에 나오고 있는 많은 아이들이 아직 읽고 쓰기를 할 줄 모른다는 것을 장로님들은 알고 계십니까?" 찰머스가 교회 장로들에게 물었습니다.

장로들은 심각하게 고개를 끄덕였습니다. "하지만 우리가 뭘 해줄 수 있겠습니까?" 자신들의 목사는 뭔가 해야 할 일이 있으면 결국 방법을 찾아낸다는 것을 알고 있었기에, 장로들 중 가장 용감한 한 사람이 이렇게 물었습니다.

토마스는 장로의 눈을 바라보며 이렇게 말했습니다. "아이들을 위해서 학교를 세울 수 있지요." 그는 또 이렇게 말을 이었습니다. "하나님께서는 이 아이들의 영혼만을 사랑하시는 것이 아니라, 모든 면에 관심을 갖고 계십니다. 교육을 포함해서 말입니다."

일부 장로들은 즉시 비전을 발견했지만, 어떤 사람들에게는 시간이 걸렸습니다. 하지만 매우 짧은 시간 안에 거의 700명의 어린이들을 가르칠 수 있는 몇 개의 학교가 설립됐습니다.

찰머스가 목회하던 교회의 장로들이 목사님의 다음 구상이 무엇인지를 궁금하게 여기며 보낸 시간은 그리 길지 않았습니다. "가난한 사람들을 돌보는 일에 대해 좀 더 논의해야겠습니다." 토마스가 교회 회의에서 사람들에게 말했습니다.

'이 도시는 가난한 사람들로 가득 차있는데… 그 많은 가난한 사람을 우리가 어떻게 다 도울 수 있겠어?' 한 장로가 생각했습니다. 하지만 그 장로는 토마스가 하는 말을 끝까지 들었고, 들으면서 목사의 비전을 발견하기 시작했습니다.

"현재 가난한 사람들은 구빈세(가난한 사람들을 돕기 위해 내는 세금)를 통해서 생활비를 공급받고 있습니다. 하지만 성경 말씀을 살펴보면 가난한 사람들을 위한

> **알아두기**
>
> **학교(School)**
> 1870년대 영국에 있는 학교들은 읽기, 쓰기와 산수만 가르쳤습니다. 1872년 스코틀랜드에서는 13살까지만 교육을 받을 수 있었습니다. 1914년에는 70,000명이 넘는 어린이들이 학교에서 반나절을 공부하고, 나머지 반나절은 공장에서 일을 해야 했습니다. 1944년에는 모든 어린이들에게 무료 중등교육이 제공됐습니다.

구제금은 교회 안에서 모아야하고, 교회의 집사들은 그 돈을 잘 써서 가난한 사람들이 꼭 필요한 것을 얻을 수 있도록 해야 합니다. 그 뿐 아니라, 집사들은 교인들과 그 가족들을 잘 돌아보아서, 외부로부터가 아니라 교회 내에서 먼저 자기 교인들을 보살피도록 해야 합니다."

"하지만 가난한 사람들을 돕는 것이 교회의 책임은 분명 아닙니다." 한 장로가 큰 목소리로 의문을 제기했습니다.

"아닙니다. 그것은 분명 교회의 책임입니다." 토마스 찰머스가 우렁차게 말했습니다. "장로님은 성경을 안 읽어보셨습니까?"

"오늘 교회에 한 사람도 더 들어갈 수 없을 만큼 참석자가 많았어요." 그레이스 찰머스가 1923년의 특별 예배를 마치고 남편에게 말했습니다. 그는 웃었습니다. "어렸을 때 나는 집 한 채에 얼마나 많은 어린이들이 들어갈 수 있을까 궁금하게 여기곤 했소. 하지만 어떤 장소든 사람들이 오는 대로 다 들어갈 수 있다는 걸 알게 됐소."

갑자기 토마스의 표정이 심각해졌습니다. "교회 건물은 1,700명을 수용할 수 있도록 지어졌소. 그런데 오늘 예배에 참석한 사람들은 3,000명 가량 되는 것 같아요. 우리에게 작별인사를 하기 위해서 말이오." 그가 말했습니다.

그가 다시 말을 잇기까지는 오랜 침묵이 흘렀습니다. "글래스고우 사람들을 많이 그리워하게 될 거요. 대학 강의가 하나님이 주신 소명이라는 확신이 없었다면 여기를 떠나지는 못했을 거요."

아내가 머리를 끄덕였습니다. "알아요. 저도 글래스고우 사람들이 보고 싶을 거예요."

토마스 찰머스는 비록 글래스고우를 떠났지만 그곳 사람들과 그들의 목사로서 일하면서 배웠던 교훈들을 잊지 않았습니다. 그는 글래스고우의 골목에서 발견한 가난과 질병을 기억했습니다. 읽고 쓸 줄 모르는 아이들과, 일거리를 찾지 못했던 어른들을 마음에 품었습니다. 그는 자녀들에게 먹일 빵을 마련하기 위해 자신은 굶어야했던 어머니들을 기억했습니다. 그리고 그는 그리스도인들이 뭔가를 해야 한다는 것을 알았습니다.

시간은 1820년대에서 1830년대로, 또 1840년대로 흘러갔고, 찰머스는 점점 더 널리 알려져 사람들은 그가 하는 말에 귀를 기울이며 가난한 사람들의 문제를 심각하게 받아들이기 시작했습니다. 마치 교회가 잠에서 깨어난 것과 같았습니다. 그는 스코틀랜드의 현실을 바라보았고, 다음에는 몸을 직접 움직여 자신들이 할 수 있는 일을 하는 것 같았습니다.

하지만 교회 안에서 좋은 일들이 일어나는 동안, 토마스 찰머스를 염려하게 만드는 일도 한두 가지 생겼습니다.

"가만히 앉아서 이런 일이 일어나도록 보고만 있을 수는 없네." 대화를 나누던 토마스가 목사인 한 친구에게 말했습니다. "교인들은 원하는 목사를 스스로 선택할 수 있어야 하네. 교인들이 싫어하는 사람을 지주들이 마음대로 목사자리에 앉힐 수는 없지!"

"나도 그렇게 생각하네." 친구가 대답했습니다. "하지만 우리가 뭘 할 수 있겠는가?"

"기도를 할 수 있지." 토마스가 답했습니다. "그리고 하나님께 다음 번 총회 때까지 우리를 인도해달라고 기도해야지."

1843년 5월 스코틀랜드 교회의 총회가 열렸을 때, 찰머스와 그의 의견에 동의하는 대략 400명 정도의 사람들은 회의장에서 항의 퇴장을 하는 것이 옳은 방법이라고 느꼈습니다. 회의장을 떠난 그들은 다른 장소에 모여서 토마스 찰머스를 그 첫 번째 조정자로 하는 스코틀랜드 자유교회를 설립했습니다.

"슬픈 시기이기도 하지만 또한 흥분되는 시기이기도 하네." 한 젊은 목사가 말했습니다.

"그렇지." 그의 친구가 동의했습니다. "스코틀랜드 전역에 큰 슬픔이 퍼져있기는 하지만, 동시에 엄청난 기회가 열리고 있다고 할 수도 있지."

그 두 사람은 자신들의 뒤에서 토마스 찰머스가 걸어오면서 대화를 듣고 있다는 것을 몰랐습니다.

"맞소, 젊은 친구들." 토마스가 젊은이들의 옆으로 걸어오면서 말했습니다. "이것은 단순히 우리의 목사를 스스로 선택할 수 있는 자유 이상의 의미를 가진 기회요. 이것은 하나님께서 주신 초대 교회(예수님이 승천하신 후에 그 제자들과 예수님을 믿는 사람들이 함께 모여 예배를 드리던 최초의 교회)의 모습으로 돌아갈 수 있는 기회이고, 스코틀랜드 국민들에게 진정한 관심을 가질 수 있는 기회라오."

"바로 찰머스 박사님께 배운 겁니다." 젊은 친구가 말했습니다.

"자네가 어디서 배웠는지는 알 수 없지만," 그가 말했습니다. "부디 그것을 잊지 마시오. 만일 잊어버린다면 그리스도인이라는 이름에 걸맞는 교회를 세워가지 못할 것이요."

 기억하기

토마스 찰머스는 신학 공부를 시작할 당시는 구원의 확신이 없었습니다. 그런데 자신이 질병을 앓고, 형과 누나의 죽음을 경험하면서, 모든 것이 변화됐습니다. 그는 십자가에서 죽으셔서 우리의 죄를 없애주신 예수님에 대한 복음을 전하지 않는다면 설교가 아무런

의미가 없다는 것을 깨달았습니다. 그 때문에 토마스는 이렇게 말했습니다. "나는 나에게 주어진 모든 재능과 시간을 복음을 옹호하고 증거 하는데 쓰기로 결심했습니다."

생각하기

여러분이 살고 있는 나라와 각 지역의 사람들에게 관심을 가지는 자세는 매우 중요합니다. 사람들에게 무엇이 필요한지 한번 생각해보세요. 도움이 필요한 가난한 사람들이 있나요? 여러분이 할 수 있는 일은 무엇일까요? 여러분들이 알고 있는 사람들 중에는 분명히 예수님을 모르는 사람들이 있습니다. 그렇다면 주일학교에서 배운 내용을 전해주는 것이 어떨까요? 여러분이 사는 지역과 나라를 위해 함께 기도할 수 있는 기도모임을 시작해 보는 것도 좋겠지요.

 기도하기

하나님 아버지, 우리나라와 우리나라 사람들을 지켜주세요. 우리나라 사람들이 하나님의 말씀을 존중하고 그 말씀에 순종하게 해주세요. 그리고 우리나라를 이끌어나가고, 중요한 결정을 내리는 사람들과 함께해 주세요. 그들이 주님을 사랑하는 사람들이 되게 해주세요. 예수님의 이름으로 기도드립니다. 아멘.

퀴 즈
Q.u.i.z

> 「정의를 위해 싸운 텐 보이즈」에 대해
> 얼마나 기억하고 있을까요?
> 다음 질문들에 답해보세요.

QUIZ

히포의 어거스틴

❶ 어거스틴은 어린 시절 어느 대륙에 살았나요?

❷ 어거스틴의 어머니의 이름은 무엇인가요?

❸ 어거스틴은 성경의 어느 부분을 읽고 그리스도인이 되었나요?

얀 후스

❹ 얀이 다녔던 대학은 어느 도시에 있었나요?

❺ 얀 후스는 잉글랜드의 어느 설교자와 같은 생각을 가지고 있었나요?

❻ 고트리벤 성에서 얀에게 무슨 일이 일어났나요?

마틴 루터

❼ 마틴 루터의 아버지 직업은 무엇이었나요?

❽ 천둥이 치기 전에 마틴은 무엇이 되려고 했나요?

❾ 마틴은 교회가 성경에 순종하지 않는 점을 나열했습니다. 목록에는 몇 가지가 있었나요?

울리히 쯔빙글리

❿ 쯔빙글리는 어느 나라 출신인가요?

⓫ 울리히가 다른 사람들과 인쇄소에 있었을 때, 인쇄업자의 아내가 대접했던 음식은 무엇인가요?

QUIZ

⓬ 울리히 쯔빙글리가 존경한 독일의 종교 개혁가는 누구였나요?

윌리엄 틴데일

⓭ 윌리엄이 어렸을 때 교회에서는 어떤 언어를 사용했나요?

⓮ 윌리엄은 성경을 어떤 언어로 번역했나요?

⓯ 헨리 필립스는 틴데일에게 무슨 짓을 했나요?

휴 라티머

⑯ 1510년 라티머는 어느 학교의 교수가 되었나요?

⑰ 휴 라티머와 같이 사형을 선고받은 사람의 이름은 무엇인가요?

⑱ 죽기 전에 라티머는 누구를 위해 기도했나요?

존 칼빈

⑲ 존 칼빈이 어렸을 때 돌아가신 분은 부모님 중 누구였나요?

⑳ 칼빈은 파리에서 무엇을 공부했나요?

㉑ 칼빈은 결국 어느 도시에 정착했나요?

QUIZ

존 녹스

㉒ 존 녹스가 태어난 마을의 이름은 무엇인가요?

㉓ 존의 친구 중 순교한 사람의 이름은 무엇인가요?

㉔ 존 녹스가 미사에 반대하는 설교를 했을 때, 매우 화가 난 사람은 누구인가요?

샤프츠베리 경

㉕ 안토니가 어린 소년이었을 때, 그를 돌보아 준 하녀의 이름은 무엇인가요?

㉖ 안토니는 대학을 졸업한 후 무엇이 되었나요?

㉗ 안토니가 성장한 후 후원했던 단체의 이름은 무엇인가요?

토마스 찰머스

㉘ 토마스가 소년시절을 보냈던 어촌의 이름은 무엇인가요?

㉙ 토마스가 1815년 일을 하기 위해 갔던 도시의 이름은 무엇인가요?

㉚ 2년 후 얼마나 많은 어린이들이 주일학교에 나왔나요?

얼마나 잘 하셨습니까? 정답은 뒷면에...

QUIZ :: 정답

1. 아프리카
2. 모니카
3. 로마서

4. 프라하
5. 위클리프
6. 감옥에 갇히고 죽임을 당함

7. 광부
8. 변호사
9. 95

10. 스위스
11. 소시지
12. 마틴 루터

13. 라틴어
14. 영어
15. 그를 배신함

16. 케임브리지
17. 리들리 씨
18. 엘리자베스 여왕 1세
19. 그의 어머니
20. 신학
21. 제네바

22. 해딩턴
23. 조지 위셔트
24. 스코틀랜드의 여왕, 메리

25. 마리아
26. 의회 의원
27. 런던 씨티 미션(London City Mission)

28. 안스트루더
29. 글래스고우
30. 1,200명

정의를 위해 싸운 텐 보이즈

초판발행 • 2005년 2월 5일
3쇄 발행 • 2010년 12월 10일

지은이 • 아이린 호왓
옮긴이 • 조정아
발행인 • 임용수
기획 | 해외저작권 • 조애신
책임편집 • 박혜련
편집 • 설지원
디자인 • 지은주
마케팅 • 전필영
경영지원 • 김정희, 조창성

발행처 • 토기장이주니어
주소 • 서울시 마포구 망원동 418-43 토기장이 B/D
출판등록 • 1990년 10월 11일 제2-18호
대표전화 • (02) 3143-0400
팩스 • (02) 3143-0646
E-mail • tletter@hanmail.net
www.t-media.co.kr

ISBN 978-89-7782-086-9

값 7,000원

"우리는 진흙이요 주는 토기장이시니
 우리는 다 주의 손으로 지으신 것이라"
　　　　　　　　(이사야 64:8)